弘兼流　好きなことだけやる人生。

70歳から人・仕事・お金に恵まれる

弘兼憲史

JN110534

青春新書
INTELLIGENCE

はじめに

僕は2022年の9月で75歳になり、もうじき漫画家生活も50周年を迎えようとしています。過去を顧《かえり》みる時間があったら今を楽しむことを考えたい性分なのですが、ある晩、仕事場から帰って深夜に晩酌をしながら、ふと、50歳の自分を思い出していました。

50歳になって後半の人生を意識したのは、ついこの間のような気がします。それから25年という時を経て、人生で今が一番幸せだと実感しています。そう思えるのは、70代に入ってからの充実感が格別だからなんですね。50代も60代も忙しく充実した日々を送ってきましたが、75歳の今、現役で好きな仕事やゴルフを続けていられることが嬉しくて、深い感謝の念が湧いてきます。

20代の頃に一念発起して漫画家になって以来、漫画を描くという好きなことを仕事にして続けることができたのは、実に恵まれた人生だと思います。読者にもスタッフにも仲間にも家族にも恵まれ、好きなことをして生きてくることができたのです。そう思うと、次から次へと感謝の気持ちが湧いてくるのでした。

そんな、ある晩の想いから、人生100年時代の後半生にスポットライトを当てて、「好きなことだけやる生き方」を紐解いてみたのが本書です。

好きなことだけして生きていけたら、それは恵まれた人生だと思いませんか？

仕事であれば、好きじゃないこともやらなければいけませんし、好きじゃない人ともうまく付き合わなければいけないということは、社会に出れば誰もが感じることでしょう。

本書を手にしたみなさんも、そうやって社会の荒波を乗り越えてきたことと思います。

現実には、好きなことだけをして生きるなんて難しい。そう感じているかもしれません。

でも、後半人生、とくに定年や家庭環境の変化で生き方を変えることになる60代中盤以降は「好きなことだけして生きる」人生にシフトチェンジする絶好のタイミングなのです。

「好きなことだけして生きる」のは、短い期間に限れば、それほど難しいことではありませんよね。でも、長く続けていくには、いろいろなものに恵まれる必要があります。

恵まれるといっても、お金をたくさん持っている、社会的地位が高い、多くの人脈がある……ということではありません。何もかも忘れて没頭できるくらいの「好きなこと」を見つけて、それを心底楽しんで続けているかどうかが、僕は肝心要《かんじんかなめ》だと思っています。不思議と、そういう人のまわりには、人や仕事、お金が集まってくるのです。

では、どうすればそんな生き方ができるのか。現実にうまくいっている人の事例や僕自身の経験も踏まえながら、好きなことを続けて「時間」「人」「仕事」「お金」「健康」「やりがい」に恵まれるための、誰もができるヒントを提案したのが本書です。

「誰もができる」という大前提を最後まで忘れないでください。大げさな自己啓発や自己改革ではなくて、ちょっと考え方を変えてみる、物の見方を変えてみる、人の気持ちを察してみるといったことで面白いように人生の景色が切り替わるはずです。

今日がスタートライン。

人生の本番はこれから。

本書を手にしたみなさんが、そんな気分になっていただけたら幸甚です。

弘兼流 好きなことだけやる人生。　目次

1章

好きなことをして「時間」に恵まれる生き方

2章

好きなことをして「人」に恵まれる生き方

3章 好きなことをして「仕事」に恵まれる生き方

4章

好きなことをして「お金」に恵まれる生き方

5章 好きなことをして「心・頭・体」の健康に恵まれる生き方

6章

好きなことをして「やりがい」に恵まれる生き方

序章

好きなことをして
人・仕事・お金…に
“恵まれる人”の共通点

01

島耕作はなぜ隠居しないのか

先日、ある取材で、「島耕作は、なぜ隠居ではなく社外取締役になったのですか？」という質問を受けました。

2019年から講談社の「週刊モーニング」に連載していた『相談役　島耕作』は、相談役を退任した島耕作がとうとう会社を去るという結末で、2022年2月をもって最終回を迎えました。一か月後には新連載を開始するということを誌上で告知していましたから、ありがたいことに、次の肩書はどうなるのかということがいろいろなメディアで取り上げられたのです。タレントの有吉弘行さんが『人間　島耕作』と予想されていたことを後から知り、『シルバー人材　島耕作』や『ボランティア　島耕作』、さらには『ユーチューバー　島耕作』から『終活　島耕作』なんていうものまであったようです。

なかには政治家に転身するのではないかと考えた読者もいたようですが、多くはビジネスから離れて日々の生活の中で、島耕作らしい生き方が描かれるのではないかという予想だったようです。

ところが、3月から始まった新連載は『社外取締役　島耕作』です。山田五郎さんがテレビの番組で、「相談役まで来たのだから、もう仕事はやめて、地域活動とかボランティアをやればいいのに、こういう人はいつまでも働いている。こんな人に社外から来られたらたまりませんよ。団塊世代のよくないところだ」というような猛批判をされたというニュースを見て笑いました。漫画の中でも奥さんから「まだやるの?」と言われています。

75歳になった島耕作は、社会的には後期高齢者になったわけですが、体も頭もクリアですからまだ隠居するには早すぎます。それは、同じ年齢である僕自身がそう感じているわけです。60代の頃には、日本人男性の平均寿命が80歳くらいで、「健康上の問題で日常生活が制限されることなく生活できる期間」である健康寿命は72歳くらいだから、仕事もゴルフも楽しめるのはそのくらいまでだろうと思っていました。しかし、その72歳を過ぎて75歳になった今、漫画も描き続けていますし、ゴルフだって続けています。好きなことを存分に楽しむ日々を送っているのです。

年齢的なことは個人差が大きいですから、誰にでも共通することではありません。現に同郷の同級生を見てみると、7~8割くらいの人は隠居生活に入っているように思います。

でも、島耕作は自由に動けますし頭もまだまだ現役で、長年在籍してきた会社を退任したものの、隠居してのんびり過ごそうというようなことは考えません。相談役時代に財界で培ってきた知見が豊富ですから、これを無駄にするのは日本の損失だと考える財界人から請われて、ある企業の社外取締役を引き受けました。会社の持続的な発展と技術の向上、ステークホルダー（利害関係者）の利益になることをするのが彼のやりたいことなのです。

僕は常々、働けるうちは働いたほうがいいと発言してきました。それは**仕事をすることが刺激となり、人間は何歳になっても成長できる**からです。仕事で発生するストレスの先にある達成感や充実感を得ることが幸福感へとつながり、人と接することや考えることを続ければ老化防止にもつながるでしょう。さらに、仕事をやめて隠居をすれば国に負担をかけることになりますね。その負担は、本当に支援を必要としている人のために使ったほうがいいはずです。だから、できれば働ける間は働いていたい。

そこで、島耕作にはもう少し働いてもらおうと思ったわけです。

02 僕が生涯現役にこだわる理由

僕自身は漫画を描くという仕事が好きだということもあるのですが、自分から「辞めよう」と考えたことはありません。これは幸せなことですね。今、主な連載は2本で、どちらも出版社からやめてもらっては困ると言われているのですから、ありがたいことです。

60歳を過ぎた頃ですから15年近く前のことですけれども、かわぐちかいじさんとどこかの飲み屋で飲んでいて、「俺たち60歳を超えたけど、もう漫画家を辞めてもいいと思ったことはない？」と聞いたことがありました。彼は、「それはあるけれども、10歳も年上の先輩たちがみんな頑張って仕事をしているのに、俺たちが辞めるなんて言ったら怒られるよね」と言ったのです。

当時、藤子・F・不二雄として仕事をされていた藤本弘先生はすでに亡くなられていましたが、安孫子素雄先生は藤子不二雄Ⓐとして漫画を描き続けていましたし、ちばてつや先生や古谷三敏先生も70歳を過ぎて精力的に漫画を描き続けていました。日本の漫画界を牽引してこられた先輩方が現役で頑張っているのですから、「私は今年いっぱいで引退しますなんて、とてもじゃないけど言えないよな」という話をしたことを覚えています。

聞くところによると、藤本先生は、家人が「ご飯ですよ」と仕事部屋に声をかけるといつものように返事があったのに、いつになっても出て来ないので娘さんが見に行くと、机で漫画を描きながらそのまま突っ伏して亡くなっていたといいます。僕はその話を聞いて、これこそ理想の死に方だと思うようになりました。今も、好きな漫画を描くことに没頭して、ペンを握ったまま往生することができたらいいなと思っています。

２０２１年12月に古谷先生が85歳で亡くなり、２０２２年４月には安孫子先生が88歳で亡くなりましたが、みなさん生涯現役で、最後まで頑張っておられました。

好きなことを続けて生涯現役でいられるのは、求められているからこそできることですが、誰に求められているのかと考えると、広くとらえれば「社会」ということになるでしょう。この本では、幸せな人生を過ごすために、**好きなことを続けて社会から必要とされる存在になるにはどうすればいいのか**、ということを思いつくままに書き連ねてみました。

70歳を過ぎて、好きなことを続けて**「時間」「人」「仕事」「お金」「心・頭・体の健康」**に**恵まれる生き方をするには何が必要か、「やりがい」に恵まれる生き方をするためには何が大切か**、といったことにフォーカスしていきます。

誰かに求められているということは、その人の役に立つ存在だということです。この本を読みながら、世の中の役に立つということ、社会に求められることがなぜ幸せにつながるのかということを考えていただきたいと思います。

僕は『弘兼流　やめる！ 生き方』（青春出版社刊）の中で、60歳からの幸せな人生の条件として**「好きなこと」「得意なこと」「世の中の役に立つこと」「人に迷惑をかけないこと」の4つが揃うものを見つけることが近道**であると説きました。この公式に従えば、好きで得意なことをして世の中の役に立てたら幸せな人生ということになりますが、ここに**「できれば生涯現役でいられること」**を加えてもいいのではないかと思うようになりました。

あと、どのくらい好きな仕事を続けていけるのかはわかりません。僕の時計が止まるのは明日かもしれないし、10年後かもしれません。

その時が来るまで、僕も先輩方と同じように生涯現役でいたいのです。

03 「たの苦しい」状態が人生を充実させる

好きなことをするという行為は、最高のストレスケアになります。僕の場合は漫画を描くという仕事が好きな行為でもありますから、仕事でストレスを感じることはあまりありません。とはいえ、それは自分自身でストレスと思っていないだけの話で、ストレスのない生活などというものはないわけです。

例えば、締め切りに間に合わせなければいけない仕事が目の前にあるとしましょう。多くの人は、もし間に合わなければ信頼を失いますから、頑張って締め切りまでにその仕事を終わらせますよね。この「頑張る」というところがポイントで、熱心な人ほど心や頭や体が疲労してもなんとか終わるまでは頑張ろうとします。心と頭と体は連動しているのですから切り離して考えることはできません。ストレスの正体は人間の防衛本能らしく、長時間にわたって原稿を見ているだけでも疲労から自分を守ろうとストレスが生まれており、体のいろいろなところでホルモンが分泌されて変化が起こっているといいます。そうやってマイナスの刺激から自分を守ろうとするわけですね。

好きなことをしているから自分にとってプラスだと思っていても、知らぬ間にストレスの影響が深くなっていて、ある日、ピンと張った糸が切れるように心が崩壊してしまう。そんな精神疾患が社会問題になり出したのは、「24時間戦えますか。」というコマーシャルが流行った1990年前後あたりだったと思います。

社会的な問題となった反動で、ストレスが辛くて悪いものという概念が広まってしまいました。しかし、ストレスの研究が進むと、人間が幸福な人生を送るためには、ストレスが必要なものでもあるということがわかってきたのです。24時間は極端な例で、徹夜を推奨するようなことでもありませんが、**適度な緊張感やストレスを抱えながら、それを乗り越えて目標を達成することで人間は成長できる**ということなんですね。**ストレスを乗り越えたところにある充実感や達成感が幸福感につながる**からです。

ただし、この充実感や達成感が心地よいあまりに、ストレスをストレスと感じないようになって頑張りすぎてしまうことが危険なわけです。「時間」「人」「仕事」「お金」「心・頭・

体」というすべての要素でストレスは発生し、どの程度の刺激がストレスになるのかという「さじ加減」は人それぞれです。

理想的なのは**「たの苦しい」**状態。楽しいだけでなく、苦しいだけでもなく両方がいい「さじ加減」で混ざっていて、簡単ではないけれども充実感や達成感が得られる状態です。

好きなことを続けて生涯現役を推奨したい理由はここにもあります。

仕事を離れると身なりも構わなくなって、人との接点も減り、日々の緊張感もなくなりますよね。この状態でストレスを感じない生活に浸ってしまうと先は見えてしまいます。手を伸ばせば食べ物が常にあって動かない生活では、ボーッとすることが増えて、たとえ心と体の疲労はなくなっても、これは恵まれた状態とはいえないでしょう。人類の歴史を見ても、厳しい環境で生きている人間のほうがいろいろと工夫しますから、気候が少し厳しいところで文化も国家も発展してきましたよね。

仕事と適度なストレスはあったほうが、「心・頭・体」の老化防止にもなって、それは健全な生き方につながります。好きなことをして生涯現役で「たの苦しい」生き方を続けられれば、恵まれた人生だと思うのです。

04 人生の転機はピンチのふりをしてやってくる

好きなことを続けて、生涯現役という姿勢で人生を楽しんでいるシニアには、人や仕事に恵まれる生き方をされてきた人が多いように思います。政界財界やスポーツ芸能の分野にもそう感じる生き方をされている方は何人もおられますが、ここではとくにお付き合いのある経営者を二人紹介しましょう。まさに「たの苦しい」生き方を実践されている方々です。

一人目は、モスフードサービスの二代目社長を務められて、現在は代表取締役会長である櫻田厚《あつし》さんです。

モスバーガーの創始者である櫻田慧《さとし》さんの甥にあたる彼は、1997年に先代が急逝されたときに海外事業部長として台湾にいました。先代がワンマン体制で引っ張ってきた会社でしたから、社内はまさに船頭を失った船のような状態になり、行き先の見えない不安から加盟店も不満を募らせていたようです。

櫻田さんは「この機に会社を辞めて、台湾で気楽な人生を送ろうかと考えた」と、そのときの正直な気持ちを語っています。それほど立て直すのが難しいと思える状態だったんですね。「あなたしかいない」と何人もの取締役に請われて悩みに悩んだ挙句、代表取締役社長に就任したのですが、結論を出す取締役会の前日は池上本門寺のベンチで夜中の3時まで考えていたといいます。

櫻田さんは、先代が一から作り上げたフランチャイズシステムにブランド力を構築して成功させ、2016年に社長を退きました。一線を退いたとはいえ、今も代表取締役会長として全国の加盟店や海外へも足を運び、グループのモチベーションを上げるような役割を果たして忙しさを楽しんでいるように感じます。

高校2年生のときにお父さんを亡くした櫻田さんは、大学進学をあきらめてレストランの皿洗いから駅蕎麦の店員、喫茶店のウェイターから工場でのハンダ付けまで様々なアルバイトをしながら就活をしたそうなのですが、きっとこの時期に、仕事に楽しみを見出されたのだと思います。

そんな行動力を見ていた叔父の櫻田慧さんから誘われて、いったんは就職した広告代理店を辞めてモスバーガーの仕事を始めます。まず、社員ではなくフランチャイズのオーナーとなって店舗を成功させたものの、2店舗目で失敗。決して平坦ではない経営者の道で、苦しみながら仕事を楽しんでこられたのではないかと感じるのです。


もう一人は、『獺祭《だっさい》』で知られる、旭酒造の先代社長であり、現会長の桜井博志《ひろし》さん。桜井さんとは同郷の上、年齢が近いこともあって、東京でもよく会う仲です。

桜井さんが1984年に34歳で継いだ旭酒造は、過疎の集落で旧来の酒造りを続けており、長い間低迷していました。吟醸酒が人気を集めていた東京への進出を目指して『獺祭』の元となる大吟醸を造りはじめると、精米歩合日本一と認められて1990年代の後半には売り上げを伸ばしました。

ところが、ほかと同じことをやっていてもダメだという思いから始めた、夏でもできる地ビール造りと、それを提供するレストラン経営が失敗して借金を抱え、1999年には杜氏《とうじ》と蔵人《くらびと》たちに逃げられてしまったのです。

美味しい大吟醸を造りたいと思っていた桜井さんと、従来のスタイルを変えたがらない杜氏の間には亀裂があったといいます。

杜氏と蔵人に逃げられてしまった桜井さんは、自分が造りたい酒を社員だけで造る道を選び、杜氏の経験と勘を徹底的に数値化して管理しようと考えました。酒造りの全工程でデータを分析し、社員が最適な環境を作って酒造りをしてみると、初年度から職人の経験や勘に頼っていた頃より品質が上がり、美味しい酒ができたのです。

杜氏の勘に頼る酒造りは、どうしても年によって品質にばらつきが出るものですが、データ管理された『獺祭』は品質にばらつきがありません。年間700回も行われる仕込みは、近代的な工場で行われているとはいえ、洗米や麹造りなどは人手と手間を惜しまず、最終的には必ず人間が味や香りを確認するといいます。

今、世界で日本酒が人気を得ていますが、『獺祭』はそのブームに拍車をかけました。革新的な酒造りで『獺祭』を成功させて経営再建を果たした桜井さんは、会長になっても挑戦をやめません。「いよいよアメリカ進出だ」ということで、旭酒造はニューヨークに海外初の醸造所を建設し、２０２３年中には完成するといいます。

日本から運んだ山田錦と現地で生産される山田錦を使って、「大吟醸しか造らない」という姿勢も崩しません。ニューヨークでは「Ｄａｓｓａｉ Ｂｌｕｅ」という獺祭ブランドを作って全米各地の食文化を変え、世界へ波及させたいと語っています。桜井さんは目標に向かうことで、ますます人生を楽しんでいるように思います。


このように、お二人ともに、好きなことを続けて、人や仕事に恵まれて生涯現役という姿勢を貫かれていらっしゃるわけですが、**共通しているのは成功の前に大ピンチがあった**ということです。大ピンチから経営者の道を歩み始めたといってもいいでしょう。

なぜ、ピンチが挑戦につながり、人や仕事に恵まれることができたのか。ぜひ、みなさんには、この本を読み進める中で考えていただきたいのです。

05 余裕がないときこそ「自分を後回し」にする

好きなことを続けて「人」「お金」「仕事」に恵まれる人には、それらが自然に集まってきているように見える人が多いものです。

「あの人の周りには自然と人が集まる」「まるであの人のところに、自然とお金が集まっているように見える」「あの人は、いつもいい仕事に恵まれる」という言い方をすれば、何か神がかった力でも働いているように感じて、それが恵まれるということなのだと勘違いするかもしれません。

決して運がいいというだけではなく、好きなことを続けて恵まれる生き方をしている人にはいくつかの共通点があり、この本ではその共通点を各章で考察していきます。この序章では、好きなことを続けて恵まれる生き方をしている人にある最大の共通点として、**「自分だけの幸せを追い求めていない」**という点を挙げておきます。

自分だけ得をしよう、あれこれ考えずにとにかくこの商品を売ろう、まずは自分がお金持ちになろう、などとは考えずに、まずは相手を幸せにすること、顧客を幸せにすることを先に考えます。

人を幸せにすることで自分が潤う方法を考えるという生き方です。

これを徹底したのが、「経営の神様」と呼ばれた松下幸之助さんです。今まで事あるごとに紹介してきた、「目先の商品を売ろうと考えずに、お客さんを幸せにすることを第一に考えろ、多くの人たちを幸せにすることができれば、必ず利益は後からついてくる」という教えですね。

生涯現役で人生を楽しんでいる経営者はみな、多くの人たちを幸せにしていると思いませんか?

成功した商品や企業は、世の中の役に立っていると思いませんか?

目先の利益に走って自分だけ得をしようと考えれば、たとえ一時的に潤ったとしても継続することはできません。いずれ、そういう経営者からは、社員も顧客も離れていくでしょう。いくばくかの利益を手にしたとしても、成功とはいえません。

誰でも余裕がなくなると、目先のことを追いかけてしまいがちです。ですが、**そういうピンチに陥ったときこそ、「多くの人を幸せにすること」に挑戦すべき**なのです。

好きなことを続けて人に恵まれるような生き方をしたいと思ったら、どうすれば相手が喜んでくれるか、どうすれば相手を幸せにできるかということを考えるべき。好きなことを続けていい仕事に恵まれるような生き方をしたいと思ったら、どうすれば顧客を幸せにできるか、どうすれば社会の役に立てるかということを徹底的に考えるべきです。いい仕事や人材に恵まれているように見える人は、まず間違いなく、そういう努力をしているはずです。

人の役に立つことが喜びになるというのは、人間の本能です。

家族という最小の生活単位を考えてみると、洞穴《ほらあな》で生活をしていた原始時代から、狩りをするのも住居を守るのも、この子どものために、この家族のためにという意識から始まっていますよね。家族を守ることに余裕ができると、隣人のために、村のためにと、人の役に立とうとして社会が成立していくわけです。その仕組みは、現代でも根底では変わっていません。

ボランティア活動に率先して参加している人には、「誰かが喜んでくれることで自分が幸せになれる」という意識を持つ人が多いですよね。褒められると嬉しいがために、人の役に立つことがしたいと考えたとしても、それは悪いことではありません。誰でも褒められたり、「ありがとう」と感謝されたりするのは嬉しいものです。

好きなことを続けて、人や仕事に恵まれて生涯現役という生き方をしたい人にとって、「自分だけの幸せを追い求めない」「人の役に立つ」ということが重要なキーワードであることは間違いありません。

06

「5割の運」を味方につけて〝恵まれる人〟になる

運がいいだけでは、好きなことを続けて人や仕事に恵まれる生き方はできません。一方で、運や巡り合わせというものがあるのも事実。序章の最後は、自分の力ではどうすることもできない、理不尽な現実をどう考えればいいのかという点にフォーカスしましょう。

取締役時代の島耕作に、**「人生の5割は自分の力で変えられるが、残りの5割は他力の部分だ。俺はその残りの5割で運が良かった」**というセリフがあります。ここで出てくる「他力」という言葉は宗教的な意味合いで使ったものではなく、「自分ではどうすることもできない運命や現実」という意味です。他力本願とは、わかりやすくいうと「仏の慈悲にすがって救ってもらえるとただ信じることが大事で、自分から修行などするのは仏を信じていないことになる」という意味の仏教用語ですが、ここで取り上げる「他力」とはちょっと違って、ちょっと似ている部分もあります。

オリンピック、サッカーワールドカップ、ゴルフのメジャー選手権といった世界最高峰での競技になると、そこで顔を合わせるのはみな、世界最高峰の技術や実力を持っている面々です。実力がなければ、そのステージまで昇っていくことはできませんが、熾烈な闘いに勝利するためには、実力に加えて、そのタイミングで巡ってきた「運」をつかむことも必要です。自分の実力以外のファクターが絡み合って影響するわけです。

昔から「勝負は時の運」などといわれるのは、こうした他力の影響は受け入れるしかないという教えのようなものです。どうすることもできない現実なのですから、受け入れるしかない、早く受け入れてその状況下で最善の方策を考えることが勝利や成功に近づく道であり、言ってみれば「運を味方につける」ことにつながるのです。

僕は宗教的な解釈をしませんから、こうした「運」というものを仏の慈悲とは考えていませんが、抗《あらが》っても意味がないという点では、他力本願に通じるものがあるかもしれません。「ちょっと違って、ちょっと似ている」というのは、そういう意味です。

変えることができない現実は、どんなこともプラス思考でとらえるのが最良の対処法。

辛いことがあっても、苦しい現実があっても、誰かを恨んだり、自分の境遇を嘆いてみたりしてマイナスエネルギーに苛《さいな》まれるのではなく、**どうせ同じ時間を生きるのだったら自分に都合よく考えたほうがいい。**一瞬でも自分にとってプラスにとらえることができれば「心・頭・体」にいい影響を与えますし、周囲に不幸をまき散らすこともありません。

島耕作のセリフは、**自分で「運が良かった」と言っていることが重要**なのです。本当に運がいいか悪いかは関係ありません。運命をまるごと受け入れて抗わない人間は、仕事で苦しい状況に追い込まれても、厳しい人事の渦に巻き込まれても、すべてプラスに変えることができます。不運な境遇を嘆くのではなく、人よりも考えることができるチャンス、挑戦できるラッキーなタイミングととらえますから、それを乗り越えた先に勝利や成功があるわけです。「人」も「仕事」も「お金」も、そういう人のところに集まってきます。

でも、そうとはわかっていても、辛いことがあればショックを受けるのが人間です。だから、他力を受け入れるには割り切ることも必要。そこで力んでしまうとマイナスエネルギーが発生しますから、「まあ、いいか……」と肩の力を抜いて許容してしまうのです。マイナスの刺激は受け流してしまうのがベスト。そしてちょっと休んで心の傷が癒えたら、「それがどうした」「なんとかなるさ」と立ち上がればいいわけです。

1章

好きなことをして「時間」に恵まれる生き方

07 時間に恵まれる人がいつも守っていること

僕は、27歳で漫画家の仕事を始めてから今までの約48年間、締め切りがない人生を過ごしたことがありません。いつも締め切りに追われて仕事を続けてきました。ほぼ連載が途切れなかったのですから、これは誠にありがたいことだと思っています。

よく、ドラマや映画では、作家や漫画家が締め切りに追われて期日を守れなくなるシーンが出てきますが、実際に締め切りを守れない作家や漫画家は多いですね。無からストーリーを創り出す仕事ですから、いくら考えても何も出てこない日だってあるわけです。「まだ大丈夫」と先延ばしにしているうちに締め切りが迫ってきて、あわてても時すでに遅しというケースもあれば、仕事の抱えすぎでキャパシティオーバーになり、締め切りが守れなくなるケースもあります。誰とは言いませんが、知り合いには締め切りがわかっているのについつい銀座で遊んでしまい、3日前になってから尻に火がついたように仕事をする漫画家もいます。

僕は漫画家として仕事をしてきたこの48年間、一度も締め切りを外したことがありません。偉そうなことを言うわけではなく、編集者の立場を守りたいと思うから締め切り前でも早めに原稿を出すようにしてきたのです。漫画家としては珍しいことだと思いますけど、『島耕作』は3週分くらい先行して原稿を渡しています。芸術家肌の人は自分のペースを大事にする傾向がありますけども、僕はサラリーマンを経験しているので、好きな漫画の仕事を始めても**ビジネスパートナーの立場は大事にしたい**と思っていました。漫画家にとって編集者は大切なビジネスパートナーですから。

昔に比べると今は仕事量をずいぶん減らしています。以前は月に170ページくらい描いていた仕事を、60代では130ページくらいに減らし、70歳になった頃には100ページを切るほどになり、今は76ページくらい。それでも様々な締め切りが週に3回ありますし、単独のイラストの仕事やら取材やらと、結局、スケジュールはぎっしり埋まってしまいます。そんな中でも、自分の状況を考えながら、常に余裕を持てる仕事の進め方をしています。

そういう仕事の仕方をしてきたおかげで、編集者からは締め切りを外さない漫画家として信頼してもらっています。仕事における時間というものは、自分だけのものでなくて、その仕事にかかわる全員で共有しているわけです。**人の時間を大切にできなければ、結局は自分の時間を無駄にしてしまう**ことにもなるのです。

時間に余裕を持てば楽しい思いができるという意識は、子どもの頃からありました。小学生の夏休みといえば、多くの人は最後の1週間は宿題に追われて大変なことになるものですよね。僕は最初の1週間で終わらせてしまうのです。大変な思いをして宿題を全部やってしまい、後は楽しく遊ぶというスタイルを変えませんでした。絵日記も8月の終わりまでを最初の1週間で全部描いてしまうものだから、「今日は泳ぎに行きました」なんて書いているのに、実際には豪雨の日だったなんていうこともありましたが（笑）。

夏休みの宿題は、自分の中で楽しみをどう配分するかという問題ですから、どういうスタイルにしようが他人に迷惑をかけることはありません。しかし、仕事の時間は関係者と共有しているのですから、**期限の約束は守らないと時間に恵まれて、好きなことを続けられる生き方はできない**と僕は思っています。

08 仕事の段取りは「重要度より負荷」で考える

僕が大学を卒業して松下電器産業（現・パナソニック）に就職したのは、1970年です。

1964年の東京オリンッピクに続けて大阪で万国博覧会が開催され、戦後の日本が世界と肩を並べた時代で、高度経済成長期のピークにありました。新入社員としてまず時間を守るということを徹底的に指導されました。

その時代の上司にあたるのは昭和ひとケタ世代の人が多く、なかには元軍人という上司もいましたから、とにかくよく部下を叱るんです。今では考えられませんが、3時間も説教されて泣きだす部下がいたほどです。

年齢も出身も様々な人間が集まって同じ目的に向かって仕事をする「会社」という場所に身を置いていた3年半。大学生時代には予想もしなかったカルチャーショックを受けながら仕事の仕方を学ぶことができ、漫画家として仕事をする上で重要な経験となりました。なかでも「人間関係」と「時間の使い方」は、僕の描くストーリーのベースになっており、あの時代にいい経験をさせてもらえたことを感謝しています。

僕は子どもの頃から段取りを考えることが好きで、自分が考えた通りに物事が進むと快感を得ているようなところがありました。夏休みの宿題にしてもそうですし、毎日の過ごし方にしてもスケジュールを細かく決めていて、学校から帰ったら宿題をやって遊び、夕食を済ませて寝る前には、「ああ、今日は計画通りに過ごせて楽しかったな」なんて1日を振り返るようなところがあったのです。

3年半のサラリーマン時代には、そうした元来の「段取り力」を磨くことができました。会社に慣れてきていくつかの仕事を掛け持ちするようになると、自分の時間をどう使うか、優先順位を決めなければいけなくなってきます。その日に処理しなければいけない5つの仕事があったとしたら、どういう順番で片付ければ効率がいいかを考えるわけです。

もちろん仕事には相手があるものもありますから、自分の都合だけでは決めることはできませんが、僕が考えたのは**重要度よりも負荷のバランス**でした。

重要度が高い仕事は絶対に外せないものですから、先に手を付けたほうが安心感はあるかもしれません。しかし、重要度が高い仕事には自身の負荷も重いものが多く、負荷の重い仕事を先に持ってきて時間を食ってしまうと、軽めの仕事ができなくなる可能性があります。

だから、僕は**負荷の軽い仕事から済ませていき、できるだけ負荷の重い仕事に割く時間を取れるようにしています。**負荷の軽い仕事をしている間に、頭の片隅で負荷の重い仕事の段取り考えることができれば、より時間を効率よく使うことができます。そうすれば、負荷の軽いものから重いものへと仕事を進める中で、段取りをより現実的なものへと修正していくこともできるのです。

負荷のバランスを考えることで時間を使いすぎてしまったり、重要度をどう考えるかで悩んでしまうこともあるでしょう。そういうときには、**目の前にあることから片付けていくようにしています。**あれこれ考えて時間を使うより、まず行動するのです。

日本人は、準備万端になってからスタートしたいと考える傾向があるといいます。しかし、仕事に必要なファクターが完璧に整った状態になることなどあまりないでしょう。負荷のバランスと同じで、目の前にあってすぐに着手できることから片付けていけば、やっている間に段取りのアイデアが浮かぶこともあります。

どんなに経験を積んだ人間でも、やってみなければわからないことは多いもの。あまり考えずに行動して失敗したとしても、それは必ず糧になるはずです。

生涯現役として人生を楽しむ経営者には、じっくり考えてから行動するタイプよりも、走りながら考えるタイプや、とりあえず動いてから考えるタイプが多いのは、そのためではないでしょうか。

09 時間の無駄を省くコツは「逆算」と「空白」

僕が腕時計を好きな理由は、ビジネスシーンでも男が着けられる唯一といっていいアクセサリーであることに加えて、**時間を逆算する時間管理術に適しているから**です。

いつも時間を気にしているから、いちいち壁の時計やスマートフォンに目をやるのは面倒で、原稿を書きながらでも、ベッドの上でも、腕元に目をやればスケジュールが予定通り進んでいるかチェックできる腕時計が便利なのです。

子どもの頃から段取り魔であった僕は、今もデスクブロックと呼ばれるスケジュール表に仕事やプライベートの計画をびっしり書き込んでいます。その計画に基づいて仕事をするのですが、原稿には分刻みで仕上がりの時刻を書き込んでから絵を描き始めます。

当然ですが、予定通りに仕事が進むとは限りません。ここで重要なのが、スケジュールはびっしり計画するにしても、**必ず空白の時間を作っておく**ことです。原稿の仕上がり予定時刻をオーバーしてしまった場合は、仕事を終える時間から逆算して計画を修正します。

これは1日のスケジュールだけではなく、1週間、1か月という単位でも同じ考え方をします。漫画家という仕事は、いくらやる気があってもまったくアイデアが浮かばない日だってあるわけですから、締め切りを守るために2日くらいの空白を作ってリスクヘッジをしています。

こんな時間管理人間ですから、腕時計を外してまったく時刻を知らずに過ごす1日というのは、逆算がうまくできなくなって慌てることが多くなります。逆算は仕事だけではなく生活全般にわたっていて、例えば明日ゴルフに行くとすると、7時に迎えが来るから起きるのは5時半で、その前に6時間くらい寝たいから12時前には床に就かなければいけない。その前に晩酌をするから10時には遅くても帰宅していたい。そうするとこの仕事は9時くらいには終えなければいけない、と逆算しているわけです。

逆算は、もっと大きな時間の単位でも考えます。時間を有効に使うために、残りの人生も逆算します。今、75歳ですから仮に80歳まで元気にゴルフができたとしても。あと5年です。月に2回やったとして年に24回、5年間で約100回ということになります。だから今、僕のゴルフは、所属しているゴルフクラブであと100ラウンドが目標です。同じように、行きつけの寿司屋にはあと何回、あそこの天ぷらはあと何回、というように逆算して目標値を設定していて、忙しく過ごしている中でそういう時間のやりくりをするのが楽しいのです。

無駄が嫌いなので、無駄を省くためにあれこれと考えるのが趣味のようなところがあって、食材でも大根なんかは葉っぱまで全部使いますし、今でも仏壇に供えて硬くなったご飯をおかゆにして朝食で食べます。もったいないのが嫌いというか、使えるものは全部使ったほうが気持ちいいと思っている。おかげさまで金銭的には苦労していませんけど、貧乏性なんですね。合理的で効率的というのが気持ちいい。**無駄を省くことをゲーム感覚で楽しんでしまう**ので、物が少ないときには少ないときの楽しみ方をします。**時間に関してもまったく同じで、忙しい中でいろいろとやりくりするのが楽しい**のです。

好きなことを続けていく上で、時間に恵まれたいと思う人は、まず時間を大切にしなければいけません。そのためにもお勧めするのが、この「逆算」と「空白」の時間活用なのです。

10 世間の時間感覚を疑ってみる

「ワーク・ライフ・バランス」という言葉が世間で注目されたことにより、政府が働き方改革を推進して、この10年で日本人の働き方は一変しました。日本人は仕事をしすぎだという風潮から、従来の日本を支えてきたようなモーレツ社員は「悪」で、残業を抑制する改革が「正義」という図式が出来あがったわけです。

僕は、自分たち団塊世代を島耕作に反映させましたから、バブル期にはそれこそ「24時間戦えますか。」という勢いで世界中を飛び回ったスーパーサラリーマンの姿を描いています。しかも、働き方改革が進められる中で、「ワーク・ライフ・バランスは考えたことがない」とか「モーレツ社員が悪いとは思わない」「今も仕事がすべて」というような発言をしたものだから、仕事中毒の団塊オヤジとして炎上したことが何度かありました。

今も、残業することを必ずしも「悪」とは考えていません。日本の企業が衰退して中国や韓国としのぎを削っていかなければいけないこの時代に、政府が働くことを抑制するのはどうも違う気がするのです。**時間に対する感覚には個人差があるのですから、時間の使い方は個人が決めるべき問題**です。

頭ごなしに残業を抑制しても、仕事を減らすか人を増やさなければ、結局、仕事を家に持ち帰るだけでトータルの仕事量は変わりません。重要な資料やデジタルデータを社外に持ち出すことで、かえってリスクが高まります。ちょっと前にも、顧客のデータをＵＳＢメモリで持ち帰る途中に紛失した事故が起こりましたよね。

仕事と人生のバランスを考えるのは、社会が成熟していく上で、とてもいいことだと思います。でも時間の使い方を一様に決めてしまうのは、個人が幸福になる権利を妨げているようなものだと思うのです。モーレツ社員が悪いとも言わないし、ワーク・ライフ・バランスを否定もしません。例えば残業が時間の無駄である、ストレス過多の原因になっていると感じる場合は働く時間を抑制すればいいし、もっと仕事をしたいと思う人はストレスケアを身につけながら残業をしてもいいのではないでしょうか。

会社という組織をアリの集団に例えたことがありました。アリの集団は、１００匹いたらそのうちの60匹は普通に働くアリで、20匹は一生懸命に働くアリ、残りの20匹は怠けるアリだといいます。人間の社会も、モーレツに働きたい人とゆったり働きたい人がいるわけですから、自分の働き方を選べるようなシステムがいいですよね。

ちなみに、島耕作は一生懸命に働くアリの先頭に立つ存在として描いています。結局、生涯現役として組織や社会を引っ張っていくのはそういう存在です。好きなことを続けて生涯現役でいられることが時間に恵まれた生き方であると考えれば、頭ごなしに残業をよくないことと否定する社会の先が明るいとは思えません。

残業代が欲しいからとか、上司や同僚がまだ仕事をしている中で帰りづらいという理由でダラダラと残業しているのは問題ですが、今の自分を仕事にかけたい、他人よりも頑張って成果を上げたいと思っている人間が、自分が好きで選んだことなのに、時間に恵まれない生き方を強いられるのは残念なことです。

コロナ禍でリモートワークが普及すると、働き方にさらなる変革がもたらされて、そもそも会社で仕事をするという概念が崩れたわけです。今後は、仕事における時間の使い方も、ますます個人の選択と適性が重視される時代になっていくでしょう。

11 「一人の時間」を持てる人だけが得られるもの

孤独を楽しめる人は、時間に恵まれた生き方をしています。

「孤独死」や「都会の孤独」「引きこもり」というような言葉で、孤独がネガティブなイメージを持ってしまった頃、孤独をこよなく愛してきた僕はとても残念な気持ちになり、書籍やインタビューで孤独のよさを語ったものでした。その甲斐というわけではありませんが、今、孤独を大事にする人、孤独を求める人が急増しているように思います。

コロナ禍を経て、仕事だけでなくプライベートの過ごし方も大きく変わった人が多いのではないでしょうか。テレワークが増え出した頃は、会社に行かなくてもいいので通勤時間の無駄が省けてラクになったと喜んだものの、何か月も家庭で仕事をしてみると、通勤時間が自分にとって無駄な時間ではなかったことや、会社というスペースが仕事をするために適していたことに気づいたという人も多いのではないでしょうか。なぜそう感じるのか考えてみると、**「一人の時間」を持てなくなったこと**が最大の理由であるケースが多い。だから、テレワーク用のブースや、仕事ができる個室の需要が急増したわけです。

家庭に自分の書斎があるという日本人はごく少数でしょうから、落ち着いて仕事をするスペースが欲しいと感じたことも、家庭でのテレワークに疲れた大きな要因ではあります。しかし、会社に通勤することによって、実は「一人の時間」が持てていたのに、それがなくなったことにストレスを感じている人が多いようです。

通勤の間は、満員電車の中にいても普通は孤独です。学生時代のように友人たちと話しながら通勤する人は少ないでしょう。通勤の時間を有効に過ごすアイテムは、昔だったら本や新聞でしたが、今はスマートフォンですよね。書籍やニュースを見聞きするだけでなく、英会話の勉強をしたり、様々な趣味の世界を深めたりと、しばし没頭する時間を持てていて、実はその時間が自分にとって大切なものだったと気づくわけです。

会社の帰りにちょっと立ち飲み屋に寄ってから帰るのが日課になっているとか、ジムでひと汗かいてから帰るというように、仕事を終えてからの帰宅途中で一人の時間を楽しむ人もいれば、自転車で通勤していて、その時間が心にも体にもいい影響を与えているという人もいます。通勤が孤独を楽しんでリフレッシュする時間になっているんですね。

会社というスペースは、大勢の人間が集まって仕事をするところであり、また同時に個人個人が自分の仕事に没頭できるところです。また、大勢の人間の中にいながら、一人の時間を持てるわけです。そこにあるのは、仕事でつながる人間関係ですから、仕事に没頭している人の邪魔をするようなことはありません。家庭にあるのは家族という人間関係ですから、常に仕事を一番大事にする人間ばかりではないわけです。言ってみれば、家庭の中で孤独を楽しむという発想に無理があるということですね。

孤独を愛する人は、他人との接点を持ちたくない人だということではありません。**仕事には仕事の、趣味には趣味の、家庭には家庭の人間関係があって、どれも大切にしているからこそ、時に孤独になることでリフレッシュできる**のです。

仕事の帰りによく寄る立ち飲み屋で、顔を合わせることが何回かあって「お宅もそうですか。うちもですよ」なんて軽く言葉を交わすようになるけど、決してそれ以上深入りしない「孤独と孤独の出会い」なんていうのも楽しいものです。そんな**日常の中にある孤独を楽しめるのは、時間に恵まれた生き方**だと思いますね。

12

家族と「ちょうどいい距離感」を保つためには

この項では、家族と過ごす時間について考えてみたいと思います。

仕事が終わって、まっすぐ帰宅せずに、酒屋の角打ちや立ち飲み屋で一杯引っかけてから帰るなんていうお父さんには、ちょっとアルコールが入っていたほうが、家に帰ってガミガミ言われても平気でいられるなんていう事情もあるわけです。

たとえ書斎を持っていて帰宅早々逃げ込んだとしても、自分の世界に没頭しているところへトントン、「あなた、ちょっと話があるんだけど……」なんてことも多く、大多数の日本のお父さんは、なかなか家庭内では一人の時間を過ごせないのが現実でしょう。

実は、既婚者で子どもがいる家庭では、必要以上に早く帰りたくない、と思っているお父さんは多いようです。残業ができなくなると困るサラリーマンの中には、早く家に帰りたくないから大した仕事もないけど会社に残っているという人もいるようです。

家族と過ごす時間は、誰の人生においても恵まれた時間に違いありません。みんな、だからこそ家庭を大切にしたいと思うのです。ところが新婚時代を過ぎて子育てが始まると、夫婦の関係、子どもとの関係でストレスを抱えてしまい、できるだけ家庭で過ごす時間を少なくするのが家庭円満の秘訣だという結論に達するお父さんも多いわけです。

男性も休暇を取って夫婦で子育てをするこの時代に、何を言っているのかと思われる方がいるかもしれません。でも、よく考えてみてください。日本では離婚率が30パーセントを超えていて、3組に1組の夫婦が離婚しているといわれます。この現実を考えると、家庭で幸福な時間を維持するというのは、簡単なことではないと言えますよね。

この現実を乗り越えて、家族と過ごす時間に恵まれたいと思ったら、僕は2つの努力が必要だと思っています。

まず、**少しでもラクな距離感を維持する努力**。家族とはいえ、夫婦にしても親子にしても良好な人間関係を維持しようと思ったら、お互いにラクな距離感というものがあります。この距離を無視して相手のテリトリーにズカズカ入り込んだり、常に隣にいて「個」がなくなってしまうと、良好な人間関係を続けることは難しくなってきます。

もうひとつの努力は、忍耐です。

これは、自分が言いたいことややりたいことを家族のために我慢するということではなく、相手の立場を理解して尊重するということです。夫婦という関係は、生まれも育ちも違う人間が同じ場所で暮らすわけですから、気に障《さわ》ることや許せないと感じることがあって当たり前です。そういうときに、お互いに正論をぶつけ合っても、相譲れない意地の張り合いになるだけですよね。だから、**気に障ることがあっても、相手が間違っていると思っても、相手の主張を覚えておいて自分の中で妥協点を見つける努力をする**わけです。「忍耐」という文字からは、何か歯を食いしばって耐えるような厳しさを想像するかもしれませんが、決してそんなことではなく、**肩の力を抜いて相手のことを受け入れる、もしくは受け流す、妥協する**。そういう気持ちの整理ができればいいと思います。

この2つの努力を実践しようとすれば、仕事が終わってもそのまま家に帰らず寄り道をして、一人の時間でストレスケアをして健全な精神状態で家庭に戻るという時間の使い方は、理にかなっていることになりますね。それであなた自身が家族と過ごす時間を大切にできているのなら、他人からどう見られてもいいじゃないですか。

13 冠婚葬祭はどこまで出席するか

家庭に関連する時間の使い方に、親戚付き合いというものもあります。これは努力や忍耐ではなく、絞り込みで無駄を省いたほうがいいですね。

親戚だから親しくしなければいけないということはないのですから、**付き合う親戚を選べばいい**のです。

冠婚葬祭にしても必ず参列しなければいけないというルールがあるわけではありませんから、行きたくないものは行かなくていい。その代わり、自分のときも相手は参列してくれないと思っていればいいわけです。

親戚にも好きな人と嫌いな人がいますよね。嫌いな親戚と付き合うのは時間の無駄と考えていいんじゃないでしょうか。

僕ら団塊世代は、日本に根付いていた「家」というしきたりを壊して核家族化を進めた世代ですから、親戚関係や「家」といった考え方には重きを置きません。そんなものは、時間を使って守る対象とは考えていないんですね。

現代でも、長男だからとか、本家にあたるからという理由で家を守らなければいけないと考えている人もいるでしょう。血筋が絶えてしまうと問題が起こるような高貴な家柄であればともかく、普通に生活している一介の市民が家督を継ぐなどと考えるのは時代錯誤ですよね。長男だから家業を継がなければいけないという法律があるわけでなし、多くの場合はたとえ家が途絶えたとしても誰に迷惑をかけるわけでもないのです。

「家」にうるさい親戚や長老のような伯父というのは、まあよくいるものですが、そういう相手から「お前は長男なのだから○○家をなんとかしろ」などと言われても、大変な思いをするなら無視したほうがいい。長男だって長女だって、楽しい時間を過ごして有意義な人生を送ったほうがいいわけですからね。

親戚関係でよくあるのは、相続問題や墓地の問題です。

相続については法律が絡んでくることですからここで一概に語ることはできませんが、お墓や寺の問題は、これも長男だから本家だからということで、必ずしも背負わなければいけないものではありません。

僕自身は墓もいらないし、お寺もどうでもいいと考えている人間ですが、諍《いさか》いに使う時間やエネルギーが無駄なので、親戚が望むようにと言ってあります。こだわりを持っていないので、問題がなければ平穏であるに越したことはありません。

冠婚葬祭という儀礼は、気持ちを表すことに意味があり、成り行きや慣習で参加するのは時間の無駄だからやめたほうがいいと思っています。

かつての結婚式は家と家の結び付きを示すものであり、葬儀は故人の名誉だけでなく家の尊厳を示す場でしたから、社会的地位の高い人や地域の名士を呼んで盛大に行うことが多かったわけですが、今は冠婚葬祭にお金をかけない人が増えてきました。時間やお金の使い方に現実的な考え方をする日本人が増えたということでしょうね。

僕は仕事がら冠婚葬祭に呼ばれることが多いのですが、特別な関係以外の結婚式はお断りするケースが多いです。いまだに現役で漫画を描いているので、現実問題として忙しくて時間が取れないということもあります。

ですが、葬儀は断りにくいものです。なんとか時間をやりくりして、参列したい気持ちのある故人の葬儀には出るようにしています。

でも、仕事を優先する時間の使い方は変わりません。2021年12月に亡くなった古谷三敏先生の「お別れの会」の案内状をいただいたときも、当然ながら参列しようと思ったのですが、ちょうど同じ日に僕が声をかけた仕事関係のゴルフと重なってしまい、失礼させていただきました。仕事とはいえ、古谷先生、お許しを！

いずれにしても、好きなことを続けていきたかったら、**儀礼的なことは絞り込めば、親戚は離れても、時間を味方につけることができます。**

2章

好きなことをして「人」に恵まれる生き方

14 人に恵まれる人が常に果たしていること

僕が今も好きな漫画を描き続けている理由には、出版社から求められているということ以外にも、**ヒロカネプロダクションを今まで支えてきた人たちに対する責任感**というものがあります。自分一人だったら、この年になって残りの人生を考えると働かなくても生きていくことはできます。でも、それでは一緒にやってきた人間が路頭に迷ってしまいますから、集団のリーダーとしてはあまりに無責任ですよね。

集団といっても、うちは僕とアシスタントを合わせて8人の小さな集団です。僕以外の人間は60代が2人、50代が3人、40代と30代が1人ずつ。年齢層の高い集団ですね。一番上のアシスタントは20歳くらいで入ってきてもう40年も一緒にやってきているわけですから、「はい、今月いっぱいで閉めます」というわけにはいきません。

アシスタントのうち6人は自分の漫画も描いていて、連載を持っている者が2人います。

けれども、彼らにはみな家庭があって、子どももう大学生になっている人もいますから、なかなか自分の漫画だけでは生活が成り立ちません。せっかく連載を持てても数回で終わることが多い業界ですし、時々の読み切りものや広告関連の仕事をしても収入は安定しませんから、月のうち半分はヒロカネプロダクションの仕事をし、残りの半分は自分の仕事ができる体制にして、前半組と後半組というローテーションを組んでいます。責任者として、彼らの生活を守りつつ、自分の漫画を世に出せる機会も狙えるようにしているのです。

僕は**人に恵まれて、彼らの人生をもらっていたのですから、責任を果たすのは当然**です。求められる漫画をひたすら描き続けて、気がつけばみんなそういう年齢になっていたという感じで、中小企業ですから昨今は退職金をどうしようなんて慌てて考えているところですが、人に対する責任を果たせることが幸福だと感じています。

「儀礼」ではなく「礼儀」として、人に対する責任は果たさなければ、人に恵まれる生き方はできません。「礼儀」とは社会のルールであり人間の道理でもあります。前章で取り上げた冠婚葬祭のような「儀礼」は、ある一部の社会における独自の習慣ですから、相手を絞り込んで時間を効率よく使えばいい。しかし、礼儀を欠いてしまっては、人に恵まれる人間関係を築くことはできないでしょう。

次世代のリーダーを育成する松下政経塾では、塾生に対して、とくに礼儀には気をつけるように指導するといいます。松下幸之助さんは礼儀礼節を常に重んじた人として知られ、「人に敬意を払うこと。人を敬すれば、自分も敬されるようになる」という言葉を残しているのですが、この「敬意」という言葉を「責任」に変えて、**「人に責任を果たすこと。人に対して責任を持てば、自分も相手から責任を持たれるようになる」**としてみても、意味は変わりませんね。

何をするにしても、まず相手に敬意を払う、まず相手に喜んでもらう、まず相手を幸せにする、という「自分が幸せになりたければ、まず人を幸せにすることを考えろ」という松下幸之助さんの哲学がよく表れている言葉です。本書のテーマに沿って解釈するとしたら、**好きなことを続けたかったら「人の役に立つことをしろ」**ということになるでしょうか。

15 自分が「社会に役立てること」を見つけるコツ

自分の能力を活かして社会の役に立つことができる人は幸福です。さらに、社会の役に立つことが、好きなことや得意なことであったら、それは何ものにも勝る幸せな人生と言えるでしょう。

そう思っていても、「自分は何を得意としているのだろう?」という壁に突き当たってしまう人は少なくありません。好き嫌いがはっきりしている人でも、好きなことと得意なことは必ずしも一致しませんから、「自分の取り柄」ということになると明確な答えを出せずに悩んでしまうわけです。

簡単な解決方法は、信頼できる人に、「俺の取り柄はなんだろう?」と聞くことです。できれば何人かの信頼をおける知人に聞いたほうがいい。ところが、こういうことを聞ける相手がいる人ばかりではありません。信頼できる知人が何人もいるというのは、「人に恵まれている」人です。

そこまで人に恵まれていない場合はどうすればいいか考えてみましょう。まず、間違いなく言えることは、**社会に求められていない人などいない**ということ。生きていれば誰もが社会の役に立つことができます。その前提に基づいて、自分がどう社会の役に立てるのかを考えるとき、キーワードとなるのは、すでに述べた**「絞り込み」と「自分だけの幸せを求めない」の2点**です。

日頃から好き嫌いをはっきりさせている人は、常に頭の中で選別作業をしています。そこで判断基準となっているのは、得か損かということではなく好きか嫌いかですから、人間の感情のもっともベーシックなところで本能的に絞り込みをしているわけです。それはひとつの防衛本能といっていいでしょう。嫌いなものや不快なものをできるだけ排除してストレスを抱えないようにして自分を守っているのです。

この本能的な絞り込みを意識して日々生活するだけでも、自分の取り柄を見つけることにつながります。人間は好きなことや楽しいことには没頭できますから、ひとつの世界を深く追究することができますよね。なんでもひとつの世界を究めていけば、誰かの役に立つ存在になることができます。しかも没頭することはストレスケアになって心と体の健康にもつながります。だから、他人に迷惑さえかけないことであれば、**好きなことは徹底的に追究したほうがよくて、そこから「得意」という意識も生まれてくる**ものです。

　自分だけの幸せを考えていたのでは、人を幸せにすることはできません。一方で、人を幸せにするためには、まず自分が幸せでなければいけないという考え方があります。いつも不幸な顔をしていたり、マイナスエネルギーを振りまいたりする人間が人を幸せにすることは難しいですよね。そこで重要なのは、誰かが幸せになることで自分も幸福感を得られるという循環を生み出すこと。そうなればプラスのエネルギーがプラスのエネルギーを生み、幸せが幸せを呼ぶわけです。

　これは、人の役に立つことを考えれば、結果的に利益を生むことになるという、僕がサラリーマン時代に学んだ松下経営学と通じるものです。

　自分がどうやって社会の役に立てるのか悩んだら、**目の前にある「自分が好きなことで誰かが喜ぶこと」**をやってみてください。誰かを喜ばせることができたら、それは社会に求められているということです。

16 人間関係をダウンサイズする

同志という言葉がありますよね。「志を同じくする者」という意味です。

職場というところは、大きな意味でひとつの目標を目指す人間が集まっている場所ですから、社内の人間はみな同志であるといえます。しかし、大勢の人間が集まると派閥ができたり、嫌な上司がいたりして、できれば付き合いたくないと思う相手がいるものです。

ここでは仕事をする人間関係において、どういう絞り込みをしたら「人に恵まれる」生き方ができるのかを考えてみます。

仕事上の人間関係は、単なる好き嫌いだけでは絞り込みできません。嫌な上司だけど関係を深めておいたほうが仕事がしやすいとか、嫌いなタイプだけど仕事では必要な同僚だといった関係もあるでしょう。初対面から気の合う相手や、お互いに気を使うことなく自然に付き合える相手だったら、お互いがどういう立場にあっても付き合っていて負担になることはないでしょう。そうではなく、大なり小なり負担を抱える場合は、付き合い方を選別しないで自分を全開放していると、ストレスでオーバーフローしてしまいます。

この絞り込みには、縦軸と横軸のある簡単な座標を使ってみたらどうでしょうか。縦軸が重要度、横軸が負担度のグラフに、相手の位置を決めて落とし込んでみると自分にとって相手がどういうポジションにいて、人間関係でどういう努力が必要かが見えてきます。負担が大きいけど重要な相手とは、うまく付き合う方法を考えるべきでしょう。

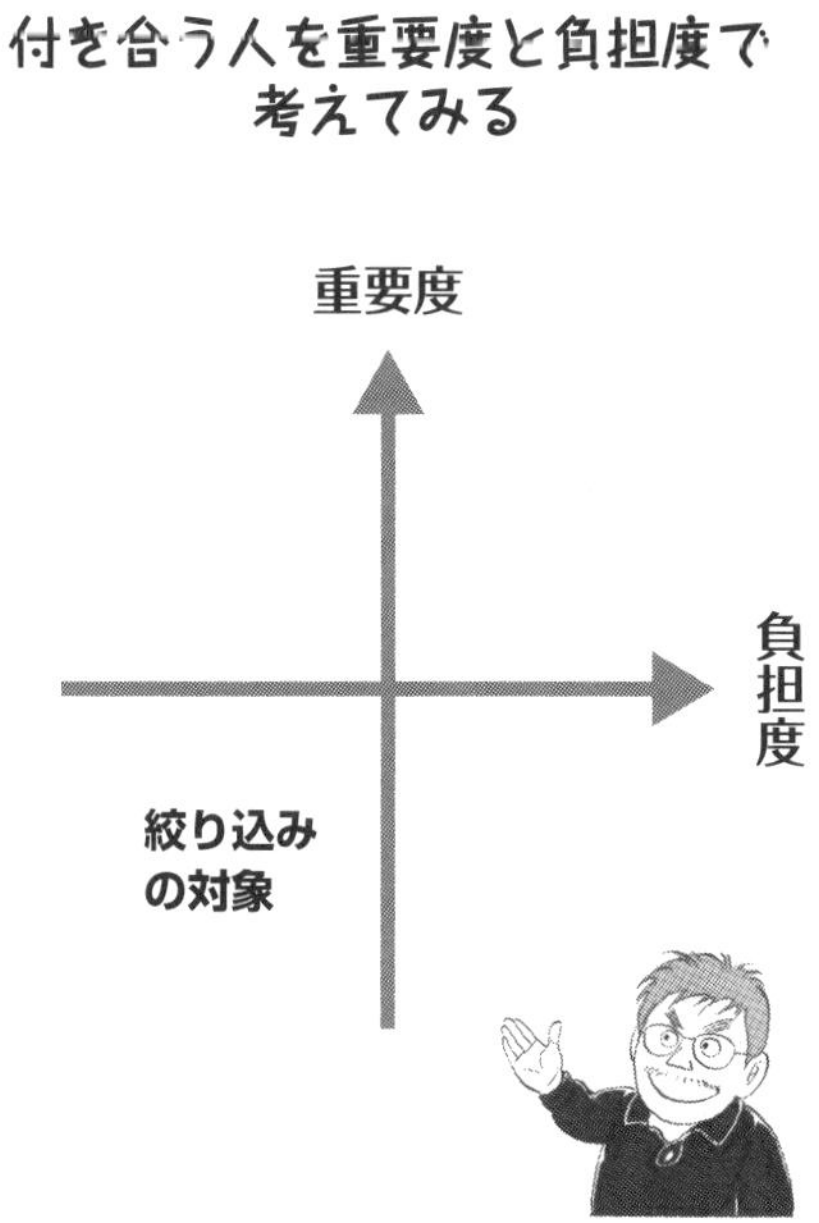

そこで大切なのは、まず**相手の考え方が自分と違っても反発しないこと**です。こだわりが強い人に対しては反発しない姿勢が大事で、その場では一度飲み込んで、タイ

ミングを見計らってから「こういうのはどうでしょう?」と代案を出すなど、ソフトな会話を心がけます。

とくに自分が負担が大きいと感じている相手に対しては、相手も同じように感じていると考えて、**仕事をプラスにするための努力をする**わけです。絞り込みは、重要度が低いほうからということになりますね。

もうひとつ提案したいグラフは、縦軸が自分の幸福度、横軸が相手の幸福度という座標です。これは相性や好き嫌いを抜きにして、この人といい関係を築ければ自分はどのくらい幸せになれるのか、相手は自分と付き合うことでどのくらい幸せになれそうかということを座標に落とし込むものです。

最高の相手となるのは、言わずもがな、自分も相手も幸福度が高いケースで、これが典型的なWIN・WINの関係になるわけです。

これも絞り込みの優先順位を決めるときに役立つグラフです。自分も相手も幸福度が低い人から絞っていき、自分の幸福度は50パーセントだけど相手の幸福度は90パーセントはあるだろうと思える相手とは関係を築きやすいでしょう。逆に自分にとっての幸福度が90

パーセントもあるけど相手の幸福度はそれほど高くないだろうと思える相手に対しては、なんとかしていい人間関係を築く工夫が必要になるということです。

ＷＩＮ・ＷＩＮの関係を築ける相手が、付き合ったほうがいい人の優勝者です。そういう人に恵まれることが、生涯現役で幸せな人生を送る条件といってもいいでしょう。最初は付き合いにくい相手だと感じていても、相手の心のドアをノックするきっかけを作って一歩近づいてみると、自分にとって大切な存在になるケースは多いものです。

僕自身の経験からしても、**ＷＩＮ・ＷＩＮの関係になるのは、最初からすんなりいかなかった相手のほうが多い**ような気がします。

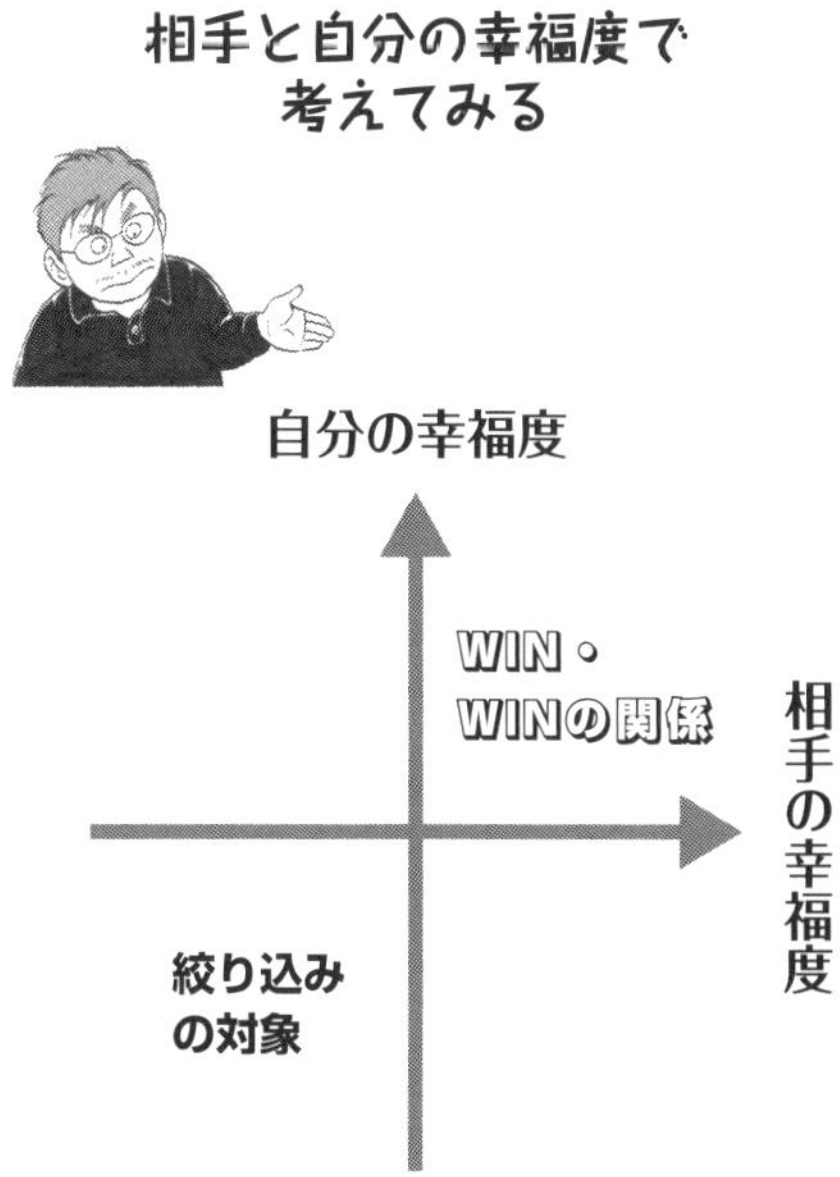

17 友人は少なくていい

職場の同僚なども含めて友人や仲間との関係も、50代60代と年齢を重ねてくると絞り込むことになってきます。これは、高齢者になったら友達をなくせということではありません。人間関係を多く持つということは、それだけいろいろなことを抱え込むことになりますからエネルギーを使うのです。

エネルギーを大量消費しても問題のない若い頃であれば友人が何人いても困ることはないでしょうし、仲間は多いほうがスケールメリットのようなパワーも働きます。ところが**60代以降になって暮らし方を省エネ生活へとダウンサイズしようとすれば、友人知人も絞り込まないと大きなストレスを抱える**ことになります。

これは儀礼的なことにもかかわってきますよね。会社で仕事をしていればお中元やお歳暮を贈っておかないと仕事がしづらくなる相手というのもいるでしょうし、年賀状などを続けている人は、関係を維持する挨拶代わりになっているケースも多いでしょう。でも60歳を過ぎて仕事の環境が変わったり、収入が減ったりすることを考えると、余計な消費は抑えなければいけません。効率よく生きるスタイルを考える必要があるのです。

僕はもう20年近く前から年賀状はまったく書きませんが、お中元やお歳暮は漫画家という仕事を続けている関係上、なくすことができません。30件程度ですけども、ヒロカネプロダクションがお世話になっている方々には贈ります。これはもうずっと続いているので、大事にしたい関係だと思っています。

ですが、一般的な仕事をしてきて職場が変わった、仕事を縮小したというようなタイミングがあれば、できる限り絞り込むことを考えたほうがいいですね。**儀礼的なことは惰性で続けるのが一番よくない**。お互いにとって負担になるだけです。儀礼的なことについて相手を絞り込むのはそう難しいことではないでしょう。疎遠になった相手に対しては、いきなりやめるのが心残りであったら、ハガキでも電話でもメールでもいいから、「今までありがとうございました。仕事も生活も変わりましたので、お中元やお歳暮のご挨拶はここまでということにいたしましょう」と正直な気持ちを伝えれば、相手もラクにすることができます。人生を変えてくれたような恩人や、心から感謝の気持ちを表し続けたいという相手がいたら、最低限に絞り込んで無理のない範囲の贈答をすればいいと思います。その際も、相手に過剰な負担をかけないような気づかいをしたいものですね。

友人知人は、こちらで増やさないようにしようと思っても、向こうから近づいてくるケースがあります。それほど仲のいい間柄でもないけど、飲み会や趣味の集まりに誘われることもありますよね。こういうケースは、負担を抱えてまで参加する必要はまったくないのですから、自分のエネルギーや生活状況を考えてクールに絞り込みましょう。はっきり言って、**60代以上になったら親しい友達を増やす必要はない**と思います。気の合う仲間や、同じ趣味で幸せを感じることができる仲間が欲しいと感じるのであれば、自分が負担を抱えずに楽しめる場を探して、行きたいときにだけ行けばいいでしょう。

友人や知人の絞り込みは、負担感で決めるのが一番。少しでも負担だなと感じるなら絞り込みをしてみて、一人か二人、生涯の友といえるような相手が残ったら、その人は大切にすべきです。人間、生きている間がすべてなのですから、その限られた時間を共有したいと思う相手がいることは、人に恵まれた生き方なのだと思います。

18 人に恵まれる、「怒り」のコントロール法

僕は怒ることが好きではないので、相当嫌なことがあっても怒りません。怒るとマイナスエネルギーが増幅されてしまうので、大きなストレスを感じることになるからです。周囲にもマイナスエネルギーをまき散らすことになるので、いいことはひとつもないわけです。

僕はこれまでの本で、プラスの感情・マイナスの感情という考え方をよく述べてきました。好きなことを続けて人に恵まれる生き方をするためには、マイナスのエネルギーをまき散らさないことがとても重要なので、ここで少し解説しておきましょう。

プラスのエネルギーとはプラスの感情を持っている人間から放出されるエネルギーで、プラスの感情とは「嬉しい」「楽しい」「気持ちいい」「美味しい」というような、人間が没頭できる感情です。一方、マイナスのエネルギーはマイナスの感情を持っている人間か

ら放出されるエネルギーで、マイナスの感情とは「辛い」「悲しい」「怒り」「痛い」というような、できれば避けたいと思う感情。

マイナスの感情が湧くこと自体は悪いことではありません。なぜかといえば、防衛本能から出る自然な感情なので、マイナスの刺激を受けたくないと思っていても、完全になくすことはできないからです。

とはいえ、余計なストレスを抱えないように予防をすることは、心身の健康を守るためにも必要です。マイナスの感情の中でも、**「怒り」だけはセルフコントロールすることが可能**です。辛いことや悲しみ、痛みなどからは逃げられなくても、「怒り」は鎮める術を持っていれば避けることができるのです。

怒りを鎮める術として、欧米の企業で流行し、日本でも導入する企業が増えた「アンガーマネジメント」は、マイナスのエネルギーを発しないようにする重要なメソッドです。アンガーマネジメントのベースになっているのは、「6秒間やり過ごせば怒りの感情はピークを過ぎる」という人間のメンタル特性で、いかにして6秒をやり過ごすかというテクニックが示されています。それは、怒りの感情が湧いたら「とにかくその場を離れる」「頭の中でカウントダウンする」「深呼吸する」「ストレッチをする」といったことなどで、集団生活におけるストレスケアと、マイナスエネルギーをまき散らして他人に迷惑をかけないためのメソッドを兼ねています。

僕の場合はもともと怒らない性格なので、自分の考えと違うことを言われても**「ああ、この人はこういう考え方をするんだ」と流してしまいます**。それで「まあ、いいか」で終わり。だから喧嘩もしません。

マイナスの刺激は多くが自分ではコントロールできないものであるのに対し、プラスの刺激はいくらでも自分で増やせるという違いがあります。好きなことや楽しいことをしたり、美味しいものを食べればいいのですから、難しいことではありません。プラスのエネルギーは波動のように周囲へ伝わるので、楽しんでいる人の周りには楽しい空気が広がるわけです。好きなことを続けて人に恵まれる生き方をしているな、と感じる人を思い浮かべてみると、周囲にプラスのエネルギーを発している人ばかりだということがわかります。

19

「受け入れ上手」は人間関係上手

僕は自身のことを団塊世代とよく言いますが、実はこの「○○世代」という言い方はあまり好きではありません。安易に同時代の人間をひとくくりにするようで、多様性とは反するものがあります。しかし、とくに仕事をしていると、明らかに年代が離れていることによって人間関係に苦労するケースが多いという現実はありますよね。ジェネレーションギャップと呼ばれるものです。

企業では年の離れた若手社員に苦労する管理職が、よくクローズアップされます。みなさんの中にも、ジェネレーションギャップで苦労された方がいらっしゃることでしょう。巷《ちまた》で二回りといわれる24歳下になると、育った時代がまったく変わりますから、部下の言動を理解できない、まるで宇宙人のようだ、などと悩む上司が多くなるわけですが、それは部下のほうから見ても同じことで、上司の言動が理解できないケースも多いわけです。

これははっきり言いますけど、**理解しようなどと考えても無駄**です。「なぜ、そういう発言になるのだろう?」とか、「どうして俺の言っていることが理解できないのだろう?」などと悩んで、少しでも距離を縮めて歩み寄ろうなんて考えても、端《はな》から理解の枠を超えているわけですから解決するのは難しいでしょう。

ジェネレーションギャップの解決策はズバリ、**受け入れてしまうこと**です。「なぜ考え方が違うのだろう」ではなくて、**「彼らの世代からするとそうなるわけか」と受け入れてしまう**のです。近寄ることも近づけることもせずに、**今そこにあるものとしてそのまま認識し、受け入れたところからコミュニケーションを始めればいい**のです。

相手のことを今そこにある現実として受け入れると、相手は自分のことを受け入れてもらえていると実感できますから、言いたいことを素直に発言することができます。そうすると、相手の開いた心に対して、どういうアプローチをすれば気持ちを伝えることができるか、だんだん見えてくるようになります。

ジェネレーションギャップだけの問題に限らず、相手を変えようと考えないことは、良好な人間関係を築く基本だと思っていいでしょう。

僕は小学館の漫画賞の審査員を25年間やりました。普通は5年くらいで交代するのですが、ずっと引き留められて25年。最長記録らしいです。審査をすると、やはり若い漫画家の作品が多いので、理解できないことが往々にしてあるんです。ジェネレーションギャップですよね。そこで無理をして、自分の感性を曲げて理解しようとしても無駄な抵抗なので、そういうときは好きか嫌いかというもっともシンプルな感情に任せて審査しました。

僕は普段からほかの人の漫画を読みません。ヒロカネプロダクションには多くの雑誌社から漫画誌を送ってきますけど1回も開けたことがない。こんなことを書くと怒られそうですが、自分の作品が載っている漫画誌もほとんど読みません。そんな時間があったら自分の新しい作品を描いていたいですから。

だから新しい人気漫画が出てきてもほとんど読むことはないのですが、たまに読んで面白かったとしても競うような気持ちになることはありません。「ああ、面白いね。こういう漫画もあるのか」と思って終わり。

年齢層の違う人たちとうまくやっていく秘訣は、競うこともせず、変えようともせずに、受け入れてしまうことに尽きると思っています。

20 「ここだけは譲れない」ときはどうするか

数年前に、好かれるジジイの作法として**「相手を立てて、褒めて、譲る」**と**「逆らわず、いつもニコニコ、従わず」**という2つの標語を考えたことがあります。これらもまた、人に恵まれる秘訣といっていいと思うので、ここであらためて紹介しておきましょう。

生涯、好きなことを続けたいなら、好かれるジジイでいたほうがいいわけです。自分を曲げてまで無理をして「いい人」になろうとするのはどうかと思いますが、人間関係においては、無理をしない範囲で「いい人」でいたほうが有利ですし、自分も楽しいはずです。

最初の標語は、この「いい人」の会話に見られる特徴といってもいいのかもしれません。

まず、**「相手を立てる」**こと。自分を立ててくれる人間を嫌う人はいないでしょう。あなたの職場にも、人を立てるのがうまい人がいるのではないでしょうか。こういう人は、会話をするときに相手の話を最後まで聞きます。それも相手の顔を見ながら相づちを交えつつ、まずは聞き役に徹するので、相手は「この人は自分の話をちゃんと聞いてくれている」と感じるわけです。そうするとこの人は信頼できると感じるので、心を開いてくれる。聞き上手が良好な人間関係を築く基本といわれる所以《ゆえん》です。

次に、相手を**「褒める」**。褒められて嫌な思いをする人はいません。相手を立てるのと同様に、「さりげなく」が鉄則。人格や性格などデリケートなことに触れるよりも、着ているものとか靴であるとか、ぱっと見て気づけるもののほうが無難です。本人も意識していて誰の目にもわかるところを見ながら、一言軽く褒めるだけでいいでしょう。

最後にある**「譲る」**は、会話の上級テクニックです。会話をしていて意見が合わないことや自分のペースに相手が疲れているように感じるところがあったら、その場を相手に譲ってしまうのです。ビジネス取引のような場面では簡単に譲るわけにはいきませんが、そうでなければ相手の気分を害してまで主張する必要はありません。こういうシーンで余裕を見せられる人間ほど人が集まります。

2つ目の「逆らわず、いつもニコニコ、従わず」という標語は、実は受け売りです。僕と同い歳で、産婦人科医であり日本笑い学会の副会長でもある昇幹夫《のぼりみきお》さんが提唱している

「いつもにこにこ逆らわず従わず」という言葉を勝手に五七五調にアレンジさせていただきました。先の標語が相手の心を開いてもらう目的なのに対して、こちらは自分の心を周囲の人に開くためのものだと思ってください。

文句ばかり言っているジジイほど嫌われるものはありません。嫌われていたら人に恵まれることもなく、好きなことも続けづらくなります。だから、自分の考えと違うことがあってもいちいち**「逆らわず」**、いったん受け入れて飲み込む。納得できないことがあっても、世の中がひっくり返るようなことでもなければ**いちいち反論しない**のです。

そして、**「いつもニコニコ」**です。笑顔は周囲の人を和ませるだけでなく、自分の内面にもプラスパワーを生み出します。たとえ作り笑顔であっても、脳はプラス思考の状態を作るといわれています。だから、笑顔でいることは健康にもつながるわけです。

そして最後の**「従わず」が大事なポイント**です。人の言うことに逆らわずニコニコして周囲の人には心を開いていることをわかってもらえていれば、どうしても譲れない場面で自分の意見を述べても、お互いに心を開いているので、理解してもらえるわけです。

目指すべきは、「一緒にいて楽だけど、内面には芯を持っているジジイ」ですね。

21 言うべきことを言っても嫌われない秘訣

前項では「好かれるジジイ」の話をしましたが、ここでは「ジジイに好かれる人」について考えてみましょう。人に恵まれる生き方をして、好きなことを続けている人たちを見ると、40代50代の頃に年長者から好かれてステップアップしていった人が多いんですね。いわゆる「ジジ殺し」と呼ばれるタイプです。

年長者から可愛がられるジジ殺しには、2つの要因があるように思えます。ひとつは、立場が上の相手に対しても自分の主張を大胆に発言して、「あいつ、面白いことを言う。なかなか活きのいいやつだな」と思われるような人間。もうひとつが、人柄のよさで引き上げられるような人間です。

元ローソンの社長や会長を務めた後、サントリーホールディングスの代表取締役社長に就任した新浪《にいなみ》剛史《たけし》さんは、若い頃は前者の典型的なタイプだったと思います。新浪さんは、ジジイに好かれようとしたわけではない。媚びたこともない。経団連に入っても立場が上の人に対してズケズケとモノを言うものだから、経済界の重鎮たちからは、「あいつ、初対面の俺にズケズケとモノを言いやがったけど、なかなか見どころのあるやつだな」なんて思われて、「若くて活きがいい社長」というイメージだったのでしょう。そういう強い個性が、ジジイたちにとっては新鮮だったのだと思います。

でも一方では、物事をはっきり言うものだから敵も多いわけです。敵も多いけど引っ張り上げてくれる人も多いということですから、誰からも好かれる、いわゆる「いい人」タイプではないでしょう。

かたや、実力に加えて人柄のよさから財界の重鎮たちに好かれたのが、ソフトバンクグループの会長兼社長である孫正義さんだと思います。意外に思うかもしれませんが、孫さんは、誰からも好かれるような「いい人」タイプに近いような気がします。

新浪さんが愛想のない人ということではありませんし、孫さんももちろんはっきりと発言される方ですから、あくまでも僕が感じたイメージです。このお2人とは何度かゴルフをしたことがありますが、僕の中では「柔と剛」というようなイメージがあります。

会社という組織の中で仕事をするのであれば、悲しいかな、上から好かれていないと出世はできません。どんなに人望が厚くて下から押し上げられても、引き上げてくれる上司がいないと難しい。現実を考えると、上から好かれている人間に「彼、いいんじゃないか。役員にしてもいいと思うのだが、どうだろう」なんていう白羽の矢が立つわけですから。

それではどういう生き方が、年長者の人間関係に恵まれる秘訣なのでしょう。

僕は、それが先の**「柔」と「剛」**なのだと思います。ここで紹介したお2人は日本を代表する実業家ですから、その片方が突出しているように見えますが、お2人ともその両面をしっかりと持たれていて、どちらかが強い個性になっているのです。

前項で述べた「一緒にいて楽だけど、内面には芯を持っているジジイ」も、柔と剛の両面を持っているということですね。**言いたいことは言うけど、できるだけ諍いは起こさないように生きている島耕作も、両面を大事にしている**といえます。

好きなことを続けるためにも、人に恵まれることが欠かせません。そういう意味でも、**この二面性を持つことが、年長者に限らず「人に恵まれる秘訣」**といってもよさそうです。

3章

好きなことをして「仕事」に恵まれる生き方

22

仕事に恵まれる人が何より大切にしていること

序章で紹介した、生涯現役で仕事を楽しんでいる2人の経営者も、前章でジジ殺しとして紹介した2人の日本を代表するリーダーも、忙しいことを楽しんでいるように感じます。

忙しいことを楽しいと思える人は、仕事が好きで、好きな仕事に恵まれている生き方をしている人だと思います。

そういう人は、責任を果たす充実感も当然知っていますから、ピンチでストレスに苛まれても「楽じゃないからこそ楽しい」と思えるのではないでしょうか。

仕事は地位が上がれば上がるほど責任が増していきます。同時に忙しくもなっていくものです。トップがビジネスの一線にいたら、それは忙しいに決まっていますよね。また、そういう組織でなければ成長することはできないでしょう。

ドラマや映画では、大きな病院の院長が息子を院長にして理事長になり、自分は会食とゴルフ三昧なんていうトップ像が描かれることもありますが、本来はトップにある人ほど忙しいのが組織の健全な姿です。

僕も、中小企業ヒロカネプロダクションのトップとして年齢を重ね、一緒に働いている人間に対する責任や、求められているエンタテイメントに応える責任が大きくなったことを実感しています。そこがまた「たの苦しい」わけです。

もっとも忙しさについては、もともと好きな楽しみでもあった漫画を描くことを仕事にしたので、経営者や実業家の方々とは経緯が違うかもしれませんが、生涯現役を目指して仕事を楽しんでいるという点では並ばせていただけるように思います。

今も仕事を続けていることによって、**自分が成長できていると感じられる**のも嬉しいことです。おそらく、紹介させていただいた日本を代表する経営者の方々も、自分が成長していると感じることが充実感や幸福感につながっているのではないかと思います。

人間は何歳になっても変わることができるし、成長を続けることができます。そして、成長したいという気持ちを持ち続けることが、仕事を楽しむ原動力になるのです。

10年ほど前、65歳を過ぎて社会では高齢者と分類される年齢に達した頃、「まだまだ若いつもりなのに、高齢者なんて呼ばれたくない」「老人と呼ばれたくない」という同年齢の読者に対して、**「年を取ることは残念なことではなく、成長だと考えよう」**と提案したことがありました。

「現実に抗ってみても仕方のないことだから、受け入れてプラスに考えたほうがいい」という意味合いもあったのですが、当時、人間の脳細胞は年を取っても増え続けているのではないかという学説が支持されていることを知ったので、成長という言葉を使ったのです。

人間の脳はいまだに解明されていないことも多く、いろいろな研究が進められている途上にあります。そんな中、2018年に米コロンビア大学で「人間は年齢にかかわらず、生涯ずっと脳の神経細胞を増やしている」という研究結果が発表されました。

その発表によると、人間は何歳になっても、脳の海馬という記憶にもっともかかわる部位で神経細胞を増やし続けているのに、神経細胞どうしをつなぐ能力や、神経細胞に酸素を運ぶ能力が衰えてしまうといいます。これが脳の老化の正体だというわけです。

記憶力が落ちるというのも、情報を持っている脳細胞が減るのではなくて、脳細胞どうしがうまくつながらなくなることに原因があると考えられています。

だから、脳が酸素を十分に使える状態や、脳細胞がネットワークを作る力さえ維持できれば、人間の脳は何歳になっても成長を続けられるということなのです。脳細胞のネットワークは新たな情報が刺激となって作られるというのですから、好きなことを続けて、脳が情報を得る機会を減らさないことが重要。

これは、健康を維持することは言わずもがなで、**好きな仕事を続けることが「生涯成長」の秘訣にもなる**ということですね。

思い出せないことは考え込むのではなくて、スマホですぐに検索して情報を仕入れると脳には新たなネットワークができるといいますから、これも生涯成長のコツですね。

23 僕が「3割打者」を目標にしてきた理由

好きな仕事を続けていくためには、当然ながら結果を残さなければいけません。いくらやる気があっても、ある水準を満たす結果が残せなければ、その仕事をやり続けることはできないでしょう。ここでは、この「ある水準」について考えてみたいと思います。

仕事の内容や立場によって、どのくらいの収益を上げればその仕事を継続していけるかということは違いますよね。どういう仕事がクライアント（お客さん）の信頼につながるのか、さらには社会的信用につながるのかということも一様に語れることではありません。しかし、**「クライアントに喜んでもらえる」**という、ひとつの成功の基準を設定することは可能です。クライアントに喜んでもらえなければ、利益が上がっても継続にはつながらないでしょうし、クランアントに満足してもらえる仕事は、たとえ利潤が薄くても次の仕事へとつながります。

長期にわたってすべての仕事で完璧な成果を上げられる人間は、おそらく存在しないでしょう。野球でシーズンを通して10割バッターがいないように。日本のプロ野球では、1986年に阪神タイガースのランディ・バースが記録した3割8分9厘が最高で、いまだ破られていません。毎年、打率が3割台前半あたりで首位打者争いが行われていますよね。

僕は自分の中で、この**3割打者を仕事の水準**にしてきました。

締め切りを守る仕事を続けていても、面白くない漫画を描いていたのではクライアントを満足させることはできません。そうかといって、すべての打席でホームランを打つことなんてできるはずがありません。50年近くやってきたことでも、「ダメだなぁ」と思うときがありますし、常にいい作品を描きたいと思っていても、描いたもの全部がクライアントや読者に最高だと思ってもらえるとは限りません。

そこで、現実的な目標として考えたのが、**コンスタントに10打席で3本のヒットを打つことができる打者**でした。さらに、質のいい仕事を続けるためには、**ヒット3本のうち1本はホームランか長打（二塁打か三塁打）を打っておかないとダメだという水準**です。

僕はいろいろなことを野球やゴルフに例えて話すことが多いのですが、こうした人生における目標の持ち方の例えは、各々がピンと来るものでいいわけです。勝負事であれば数値を設定しやすいですよね。ここで大事なことは、**努力すれば実現可能なラインを設定するということ**。目標が絵に描いた餅では意味がありません。仕事の目標となればなおのこと、実現不可能なものでは、いつまで経っても達成感や充実感が味わえませんから、成長することができません。

野球の例えに戻ると、3割打者は存在しますが、30打席連続ホームランというような夢の中にしか存在しないスーパーヒーローを想定しても意味がないということです。人間ですから、ヒットもあれば凡打もある。三振もするけどその失敗を次の打席につなげることができる。そういうリアリティのある存在に自分を重ねて、その上で打率3割という目標を想定したわけです。

ここまで目標を外さずにだいたい3割を打つことができて、好きな仕事を続ける人生を送ってくることができたということで、適切な目標設定だったと思っています。

24 連載打ち切り…!? 仕事の不安と賢く付き合う法

仕事をしていて不安や心配を抱えることは珍しいことではありません。しかし、仕事に恵まれる生き方をしている人を見ると、自分の意思とは関係なく湧いてくる不安や心配といった感情を浄化しながら生きています。

うまくかわしながら生きているように見える人もいれば、時にはプラスのエネルギーに転換してしまう強者もいます。

この項では、そうした不安や心配という感情をどう乗り越えていけばいいかを考えてみましょう。

世の中に心配性の母親が多いのは、子どものことを気にかける本能によるものでしょうが、心配性も度を超すと健康に害をもたらしますよね。心配で心配で食事もできなくなるとか、夜も眠れなくなるといった症状が出てくると要注意。

仕事をしていても、「このプロジェクトがうまく進められるのか不安で夜も眠れない」「自分の仕事がどのような評価を得ているのか心配で、食事もできない」というような状態になると、健康を維持することが難しくなり、仕事にも悪影響を及ぼします。

職場のメンタルケアが注目されるようになったのは、こうした不安や心配を自分の中で浄化することができなくなって、うつ病と診断される人間が増えたというのが最大の理由です。

自殺者の中で仕事が要因になっていると考えられるケースも急増し、現在は多くの企業で従業員に対してストレスチェックをはじめとするメンタルケアが実施されるようになっています。

一時的な気分の落ち込みとうつ病の境界線はどこにあるかといえば、強い不安や心配が2週間以上続くといったいくつかの症状が表れるようになると、精神障害と診断されることが多いようです。メンタルケアの基本はセルフストレスケアにありますが、ここまで症状が進んでしまうとセルフケアではどうすることもできない状態でしょうね。

不安や心配というマイナスの感情は、溜めてしまうとセルフコントロールができなくなってしまうわけです。だから、日常的に起こる不安や心配を小さいうちに浄化するセルフケアが必要なんですね。

セルフストレスケアの具体的な手法については、5章「好きなことをして『心・頭・体』の健康に恵まれる生き方」で詳しく触れていきますが、ここでは僕が自分の経験に基づいて考えている最善の方法を紹介します。

それは、**「目の前にある仕事をとにかくこなしていく」**。これに尽きます。

仕事に没頭することができれば、不安や心配といった感情から離れることができます。ちょっと仕事に没頭したくらいでは、また不安や心配が戻ってしまうこともあるでしょう。しかし、たとえ短い時間でもそうしたマイナス感情を忘れることができたなら、これが「俺、不安を忘れることができたんだ。セルフコントロールができたんだ」という自信につながって、2度目の波が来ても小さくなっていくのです。

僕は、年齢を重ねてから仕事量を減らしてきましたが、漫画家生活約50年のうち30年くらいは本当に忙しくて、とにかく目の前の仕事を片付ける、という日々でした。それで気がついたら30年経っていたというのが正直なところです。

その間、漫画家という仕事はいつ連載を切られるかわからないし、いつまで描き続けられるのかもわからないですから、漠然とした不安のようなものは常にありました。でも、誰も知ることができない未来を心配してもどうにかなるものではないのだから、「今は明日の原稿！」と意識を切り換えるようにしていました。

仕事を続けていれば不安や心配事はなくならないし、なくそうとして消せるものでもありません。**漠然とした不安や心配は、目の前のやるべきことに没頭して忘れるのが一番だ**と思うのです。

25 人生の前半と後半で仕事に求めるものを変える

経営者や自営業以外の人は、60歳か65歳で定年退職となりますから、それまでと同じ働き方はできなくなります。同じ職場に残るにしても、待遇や仕事の内容は変わることになりますよね。

60歳以降が「第二の人生」などといわれたのはすでに過去の話です。今は人生100年の中で「前半の仕事」と「後半の仕事」という考え方が現実的なのではないかと思います。好きな仕事で生涯現役を目指すのであれば、人生後半の仕事にビジョンを持っていなければなりません。一般的なサラリーマンにとっては、定年退職以降の仕事に何を求めるのかという絞り込みですね。

60歳で定年退職になるとして、1年前2年前になってから考えるのでは選択肢が限られてしまいますから、できることなら**55歳くらいまでには明確なビジョンを持つようにして**

おきたい。そこから逆算すると、40代の後半、遅くても50歳くらいには、60歳以降の仕事について考え始めておきたいということになるでしょう。50歳にもなれば、自分がその会社でどこまで出世できるかということも見えてきますから、現実的なビジョンを考え始めるには適したタイミングだといえます。もちろん、その年齢をすでに過ぎていたとしても、あらためて人生後半の仕事のビジョンは絞り込んでおきたいところです。

さて、あなたは人生後半の仕事に何を求めて生きますか？

あくまでも収入を優先してラクな生活がしたい、家族との時間を大事にしながら仕事をしたい、趣味の世界を仕事にして追求したい、新しい分野に飛び込んで自分の幅を広げたい、やりがいを最優先したい等々、いろいろな願望がある中で、優先させる事柄を選択してビジョンを描くことになるでしょう。

実は、この選択の大きな条件となる、おそらくすべての人に共通する願望があります。

それは、**「自分を活かしたい」という願望**。

前半の仕事や人生において培った知識や技術を人生後半の仕事に活かしたいと思わない人はいないですよね。先に挙げたいくつかの願望の頭に「自分を活かして」を加えてみると、どれも一歩明確な目標と感じませんか。

石油会社の人事部に勤めていた同い年の友人は、定年後にコンサルティングの仕事を始めて成功したのですが、それを仕事として成立させられたのは、彼が長年人事に携わり、従業員からの相談を受けていたからでした。

彼はそのコンサルティングを何年かやった後に、僕が大学時代にいた学生寮の寮監になって学生たちの面倒を見ていました。10年間ほど続けたでしょうか。学生たちの相談に乗ったり、悩みを聞いてあげたりする仕事も、人生前半に培った経験を活かし、さらにコンサルティングで得た知識が活かされたのです。

自分を活かせるスキルは、「得意なこと」といっていいでしょう。得意なことを考える際にひとつ知っておいてほしいのは、仕事に役立つスキルとは、物を作るとか、計算をする、絵を描く、文書を書くというような、誰から見てもわかりやすいものばかりではないということです。

例えば、会議のときに揉め事を収めるのが得意で、その人がいると会議がうまく進行するというようなことも、数値には表せないけども立派なスキルです。「聞き上手」なんていうのは、ただそれだけで重要なスキルですよね。

同い年の彼が、人生前半に会社で培ったスキルを後半の仕事では社会貢献に活かしていることを知って、仕事に恵まれた人生だと思いました。おそらく彼が人生後半の仕事にもっとも求めたのは、**「人の役に立つこと」**なのではないかと思うのです。

人や社会のために自分を活かす仕事ができたら、やりがいや充実感を得られる人生になります。やりがいや充実感を得られることが収入につながったら、それは幸せな生き方ですよね。

26 サラリーマンのうちに養っておきたい、この感覚

人生後半の仕事で、起業する人や自営業というスタイルをとる人も少なくありません。小さくても一国一城の主となって、好きなことや得意なことを仕事にしたいと考えるのはプラス思考の生き方ですよね。会社を設立するにしても、蕎麦屋や喫茶店を始めるにしても、このプラス思考の明暗を分けるのは、事業主としてのマネージメント感覚をしっかり持っているかどうかということでしょう。

事業主としてのマネージメント感覚とは、経営者感覚と言い換えてもいいもので、会社や店の経営というものは、簿記や営業管理の知識があったとしても、この感覚に乏しければ成功することは難しいわけです。具体的にはどのような感覚かといえば、企業理念のような存在の目的がはっきりしていて、入出金の管理だけでなく、従業員の管理や商品の品質管理、顧客の管理、社会情勢や経済動向に基づいた商品開発と戦略等々。それは会社が

やっていること全部じゃないかと思われた方、正解です。

個人事業主という立場の人は、こういうことを全部一人でやっているわけです。逆に言えば、個人事業主には経営者としての資質が求められるということになります。これは1年や2年で習得できるものではないでしょう。だから、会社員として働いている前半の仕事で、この感覚を養うことが大切なのです。

このままでは日本が滅びると警鐘を鳴らしているユニクロの柳井正さんが、「サラリーマンという職業はもう終わりました。自営業者の時代です」ということを言っていて、なるほどなと思いました。「会社に雇われていれば安定した生活ができるサラリーマンという生き方は、国内だけでなく世界をライバルとして熾烈な競争を繰り広げていかなければ日本が生き残れないこの時代に必要ない。自分がサラリーマンだと考える社員は一人もいらない。これから生き残るのは、社員が会社に食わせてもらっているのではなく、自分が会社を食わせてやっているのだという意識を持つ社員がいる会社だ。会社に自営業をするために来ているという意識だ」と言うのです。

まったくその通りで、これからの日本経済を支えていけるのはそういう会社だと思います。**会社に雇われているという意識を持たずに、フリーのオフィスクラークだと考えたほうがいい。**事務職であれば、自分はフリーの事務員だと思って、その分野の資格を取るとかスキルをアップしていけば、転職する際にも有利になるわけです。会社に従属して、お金をもらうために嫌々仕事をしているなんていう社員ばかりの企業は伸びません。給料をもらっている人も、**個人事業主だという意識を持って「いつでも俺は独立できるぞ」というような気概でいることではじめて、仕事に恵まれる生き方ができる**でしょう。

松下幸之助さんも「経営者目線で働け」ということを盛んに発言されていたのですが、『社員稼業』（PHP研究所）という著書ではちょっと違う角度から経営者目線を語っています。自分が単なる一社員ではなく、社員という独立した事業を営む経営者であり、社員稼業の店主というように考えてみたらどうかと提案しているのです。

自分が社員稼業の店主であれば上司も同僚も部下もみんなお客さんということになるのだから、そのお客さんに対するサービスも必要だということが書かれています。顧客の幸せを第一に考える松下さんらしい発想で、社員がみな個人事業主だという意識を持てば自立することになるから、社内の人間関係もうまくいくということなんですね。

27 人に仕事を頼むときの心得

仕事における人間関係で失敗する原因のひとつに、相手に過度の期待をしてしまい、それが裏切られたときに受け止め切れずに怒ってしまう、というものがあります。これで損をしている人が多いようです。

とくに、仕事ができる人にこういう性格が多い。なぜかと言えば、自分は普通に仕事をしてあるレベルの結果を出せているのだから、他の人もそうだと思ってしまうわけです。そこで期待が裏切られ、相手に対して不満を抱くことになります。その相手も同じレベルの仕事をすべきだと考えて、変化を求めてしまうのです。

良好な人間関係を作る術《すべ》に、「聞き上手」と並んで**「相手を変えようと考えない」**ということが挙げられます。自分と意見が違っても、想定していた結果と違っても、相手を変えようと考えるのはエネルギーを消耗するし、時間も無駄にしてしまいます。衝突すればマイナスのエネルギーを振りまくことにもなります。そもそもその人間が変わることが幸せなことかどうかもわかりません。結局は、個人のエゴでしかないのです。

では、どうすれば相手との溝を埋められるのでしょうか。

答えは簡単。**自分を変えればいい**のです。

仕事をしていて期待を裏切られるというシーンは、部下に対してであることが多いものです。上司から見れば自分と同じレベルで仕事をこなせる部下はそんなにいるわけないのですから、自分が望んでいることを全部やってくれると思うこと自体が間違いです。**人に仕事を任せたら、最高でも7割、相手によっては5割でもよしとする**というように、あらかじめ期待値を下げた想定をしておけば、無闇に怒ることもなくなります。

そう思っていて部下が10割の仕事をした場合には、しっかりと評価をしてあげれば、やる気にもつながります。僕の場合は絵を描く仕事ですから、「こういう感じで背景を描いてくれ」と頼んだときに、自分が描くものが100パーセントとしたら、70パーセントくらいのものが返ってくればいいなと思っています。ところが120パーセントのものが返ってきてビックリすることがあります。「こういう描き方をしたほうがいいんだな」なんて、こっちが勉強になるようなことがあって、素直に「いいね」と評価します。

ところが、そのアシスタントが毎回そうではないわけです。ダメなときは50パーセントにも達しないものが続くこともありますから、「今回できたのだから、次回もできるだろう」と期待してしまうのは間違いで、**長い目で「できるときも、できないときもあるぞ」と思っていたほうが仕事も人間関係もうまくいく**わけです。

漫画家の場合は読者ということになりますが、顧客に対しては１００パーセントのものを提供することが求められているわけですから、70パーセントの仕事には僕が30パーセントの仕事を足すことになります。まったく直さなくていいときもあれば、半分以上直さなければいけないときもありますが、**人に仕事を頼むときは補うことも覚悟**しなければいけません。

自分を変えることは、勇気を必要とする場合もあります。でも、相手を変えるよりもはるかにラクにできること。自分の中の問題ですから、考え方ひとつ変えればいいだけです。**自分を曲げることができないときは、そのこだわりが何か考えてみましょう。**相手に求めているものであったら、思い切って捨ててしまえばいいと思います。

28 仕事に恵まれるリーダー、2つの資質

生涯現役で誰かから求められる仕事、社会から求められる仕事ができることは幸せな生き方だと述べてきましたが、ここではそういう仕事を引っ張っていけるリーダーの資質について考えてみたいと思います。

仕事におけるリーダーには、大企業の社長だけでなく、中小企業の経営者や各部署・部門のリーダーも含まれます。彼らをトータルで見てみると、短期間で大きな結果を出すけど長続きはしないタイプと、長期政権のように長続きするタイプに分けることができます。

野球でいえば、野村克也さんとか広岡達朗さんのようなチームに対して厳しい管理野球を強《し》いる人のほうが結果を出すけど、あまり長続きはしない。逆に長嶋茂雄さんとか原辰《たつ》徳《のり》監督のようなチーム内で好かれる人のほうが長続きする、という傾向がありますね。好かれる「いい人」だからといってリーダーに向いているとは限らず、状況によっては向か

い風を受け止めながら管理できる人が求められるケースもあります。

人生後半の仕事で求められるリーダー像を考えると、こうした「管理」と「好かれる」という両面のバランスが必要なことはもちろんですが、反感を買わない存在ということが重要です。誰からも好かれる「いい人」ではなくても、**敵を作らないことは大切な要素**です。「俺がリーダーだよ」「俺が、俺が」という主張が強いと反発されてしまいますね。

例えば会社の同期で一斉スタートを切ったときに、その中で「俺がリーダーだ」「俺が決めるから」という気概を持っているヤツは、次第に疎《うと》ましくなっていくものです。そういうことを言うのは仕事ができるタイプが多いですから、同期の人間も最初は認めるのですが、自分のことをアピールしすぎるために「あいつ面倒くさいな」という存在になって反発されるのです。別の本で「リーダーになって欲しいと思う人はリーダーになろうとはしない」ということを書いたことがありますが、いくら仕事ができてもアピールが強すぎたり、目立ちすぎたりすれば反感を買うということですね。

「この組織は俺がなんとかする」という気概はあったほうがいいと思いますが、それをことさら主張することなく、自分が上に立ちたいという野望よりも、**その集団がうまくいく**

ような仕事や人間関係作りを、誰も見てないところで実践するような行動力こそが一番求められるのだと思います。

仕事に恵まれるリーダーの資質として、もうひとつ挙げておきたいことがあります。行動力にも通じることですけど、ありきたりな言い方で**「頑張るのが楽しい人」**ですね。日本人一人あたりのＧＤＰが30位近くまで落ちた原因は、平均労働時間の減少にあるといわれています。メンタルケアも働き方改革も現代の日本には必要なことです。しかし、働く時間を減らしているのですから、国の経済力が落ちていくのは当たり前ですね。

日本の現状を考えれば、仕事に恵まれる生き方をするリーダーは、国力を高める方向へ進まなければいけないのですから、「人より頑張れる人」でなければ難しい。先に挙げたリーダーの方たちだって、そうは見せなくても、みんなどこかで頑張っているのです。

29 仕事で一番欠かせない「信用」を得るには

ビジネスの基本は、お互いに利を得る「ＷＩＮ・ＷＩＮの関係」といわれます。自分だけが儲かるのではなくて、相手も儲けられる関係ですね。

仕事に恵まれるためにここで大事なのが、**まず先方にＷＩＮさせて、それから自分をＷＩＮするという仕事の進め方**です。

先に自分の利益を確保して、損をしない体制を作ってから相手の利益を考えるというのではなく、最初は自分が損をしてもまず相手に利益を与えて、その後に自分の利益を取り戻していくというやり方です。

自分の利益を先行させるやり方では、相手の立場や要望を理解することが後回しになるので、なかなか相手に満足してもらう取引はできませんし、信用を得ることもできないでしょう。

相手が幸せになることによって自分も幸せになれる方法を考えれば、仕事には欠かせない信用を得ることができて、好きな仕事を長続きさせられるわけです。

これは単なる商取引などに必要な心構えではなく、人と人、あるいは国と国という関係においても大切な考え方です。

政治漫画『加治隆介の議』（講談社）で僕は、日本は一国平和主義ではダメだということを描いています。

日本が戦争をしなければいい、日本に戦争がなければいいという考えで、世界で戦争が起こっていても日本が加担さえしなければいいというのでは一国平和主義です。世界平和を考えるのであったら、世界が苦労していたら自分も何かしらの貢献をしなければいけないということを描きました。

政治であってもビジネスの場であっても、はたまた日常の人間関係においても、自分の利益を中心に置くのか、みんなの利益になって、その結果自分が利益を得るのか、そのどちらを選択するかで結果が大きく変わってきます。

序章で、「自分だけの幸せに固執しない」ことが重要だと述べました。それはつまり、「自分だけの幸せを求めない」×「人の役に立つ」＝「相手先行のＷＩＮ・ＷＩＮ」ということにもつながります。

そして、それこそが仕事に限らず、好きなことを続けていく上での大事なスタンスになるのです。

4章

好きなことをして「お金」に恵まれる生き方

30 お金に恵まれる人がきっちり割り切っていること

かつて、ある週刊誌で人生相談のコーナーを持っていたことがありました。毎週いろいろな悩み事が送られてきたのですが、ほとんどが人間関係かお金にまつわる悩みでした。人間関係にまつわる悩みには、この本と同じように、僕が考える人としての在り方や「利他の心」を基本として答えていました。しかし、お金の悩み相談は答え方がとても難しいのです。相続の話や借金関連の話は個別の複雑な事情が絡んでいるケースが多いので、なかなか的を射た答えを出すことができないんですね。無責任なことを言えば、その雑誌の看板や信用にもかかわることになります。どのくらいお金を持てばいいのかということや、どういう使い方をすれば幸せになれるのかということは、ハガキや便箋に書いてあることだけでは簡単に判断できないのです。

この章の「好きなことをして『お金』に恵まれる生き方」というテーマの中でも、やはりお金の問題は一様に「こうすればいい」と言うことはなかなか難しいものがあります。

大企業にいて高い給料をもらっている人も、貯金がたくさんある人もいろいろな問題や不安を抱えていますよね。裕福な家庭であっても、お金を渡しすぎたために子どもがグレて犯罪に加担してしまったなんていうケースや、資産家の家に生まれたために自由がないなんていう悩みだってあります。逆にお金がない悩みにしても、じゃあお金さえあれば解決できるのかといえば、そうとも限らないケースだってあるわけです。

だから、**お金のあるなしに関係なく、悩みがある人はあるし、ない人はない。**幸せとお金は比例しないものだと割り切ることが大事なのです。

とはいえ、お金で解決できることが多いのも事実。お金があれば、ある程度の不幸を救うことはできます。ですから、**人生後半に好きなことを続けていく上では、お金はあったほうがいい。あるに越したことはない、**とはいえるでしょう。

お金に恵まれる生き方といっても、60歳になったときにいくらあれば恵まれているといえるのかは、人生後半をどう生きるかによって変わってきます。独立起業や出店の資金を作っておこうと思うのであれば、相応のお金が求められますよね。節約をしながら趣味の世界を追求しようと考えるのであれば、必要な金額は下がるかもしれません。

江戸時代後期に日本中を測量して本格的な地図を初めて作った伊能忠敬は、下総国《しもうさのくに》（現在の千葉県）で商家を営み、49歳で隠居するとかねて好きだった暦学（今でいう天文学）を学びたくて50歳で江戸に出ました。深川の邸宅に幕府の観測所にも負けない最先端の天文台を造って観測に没頭したといいます。伊能家の資産は今の価値で30億円ほどあったといいますから、隠居した爺さんのとんでもない道楽だと見られていたわけです。今の50歳とは違って、当時の50歳はもう老人です。

しかし、そんな観測所を自分の家に造ったくらいですから知識も豊富で、師匠としていた幕府の天文方から請われて日本地図の作成という大事業に乗り出します。55歳のときから17年間かけて4万キロを測量し、地図が完成する前に73歳で没しますが、事業を引き継いだ門人によって3年後に地図は完成します。

この事業は財政難である幕府の予算ではまったく無理で、忠敬が人生後半の時間と資金を惜しまずつぎ込んだからこそ、できたことだったのです。仕事やお金に恵まれた生き方をして人生を楽しんだ先達といえますね。

31 「心の安らぎ」と「お金」のちょうどいいバランス

経済的に裕福ではなくても、幸せな人生を送ることはできます。心が安らぐ生活ができれば、それは幸せな生き方をしているといえますよね。

先述した『弘兼流　やめる！　生き方』で紹介した「生きがい」は、日本人が古来大切にしてきた観念ですが、お金とは関係のないところにあるものです。それは西洋社会にはなかったものだったので、「ＩＫＩＧＡＩ」とはいったいなんだということになり、日本人の美学や文化の研究をする人が増えたのです。

生きがいを感じる仕事という言い方をすれば、意味が限定されてしまいます。日本人が感じてきた生きがいとは、日々の生活の中にあるちょっとしたこと、例えば自分が毎日行うことに持つこだわりや、毎日見ることができる自然現象であるわけです。それは仕事中に感じることもあれば、生活の中で感じることもあり、現代風にいえば、仕事で自分なりの営業がうまくいって顧客の獲得ができたとき、安くて美味しい店に出会えたとき、一緒に暮らす猫と過ごす時間、毎日早起きして見る朝陽、なんていうものが挙げられます。

生活の中にあるちょっとした安らぎが生きがいになっていることが多いのは、それだけ**「心の安らぎ」が人間にとって大切なこと**だからです。心の安らぎとストレスは対極にあります。お金が儲かるけれどもストレスだらけの人生と、お金はそれほどなくてもストレスもあまりない人生だったら、後者が幸せな生き方でしょう。お金はそれほどないけど食べることはできて、好きな仕事だからストレスがあまりないというのは幸せな生き方です。衣食住に困る生活だとそうも言ってられませんが、裕福ではなくても衣食住が維持できれば、心の安らぎに重きを置く生活は貴重です。

僕は漫画家になってなかったらコックになっていただろうと思うくらい調理も食べることも好きなのですが、寿司や和牛焼肉が好物だからといって、毎日食べていたらすぐに飽きてしまいますよね。高級寿司店へ行ったら、次の日は大根1本を買ってきて、さあどう料理して食べようかと考えるのが面白いんです。お金をかけなくても、調理と味の両方を楽しめて安らぎを得ることができます。好きな和牛を食べたら次の日はスーパーやコンビニで美味しそうな鶏肉と豚肉のハンバーグを見つけて、こういう食べ方をしたらいいだろうなんて考えるだけでもう楽しい。ストレスなんか吹っ飛んでしまいます。

この章のテーマは、「好きなことをして『お金』に恵まれる生き方」なのに、お金がなくても幸せな生き方ができるというのでは、タイトルと中身が違うのではないかと思われる方がいるかもしれません。

ひとつ質問をしましょう。

あなたにとって、お金があるという状態は、いったいいくら持っている状態ですか？

この答えは、人によってまったく違いますよね。１００万円と答える人もいれば1億円という人もいるでしょう。お金の価値というのは、物の価格で一般的な判断をすることができても、その人の人生における価値とは違います。でも多くの場合、**収入を得るための仕事に費やす時間を減らせれば、相対的に心の安らぎを得る時間を増やせます。**

そう考えると、適度なストレスでお金に困らない生き方をしていれば、心の安らぎを得る機会も増えるということもいえますね。もっとも、僕のように仕事でストレスよりも安らぎを得てしまう人間は、お金と安らぎが同居していることになるのですが。

32 お金に恵まれるのは〝お金がなくても〟楽しめる人？

「お金に恵まれる生活」と「お金に恵まれる生き方」では、ずいぶんと意味が変わってきます。「お金に恵まれる生活」といえば、お金がいつも十分にある生活という印象なのに対して、「お金に恵まれる生き方」には、単にお金があるということではなくて、お金の稼ぎ方や使い方に秀でた生き方というニュアンスが含まれているような気がします。

お金に恵まれる生き方ができる人の条件として、逆説的ですが、お金をかけなくても楽しめる、ということがあるように思います。お金をかけて楽しむだけでなく、**お金をかけない楽しみをたくさん知っている人は、幸せを感じる機会が多くなるのでプラスエネルギーに満ちて、人にも仕事にも恵まれることになりますから、その結果、お金にも恵まれる**ことになるのです。

お金をかけない楽しみ方は、工夫から生まれるものです。定年退職をして生活をダウンサイズするというタイミングで、お金をかけない楽しみを見つけようと考える人もいるでしょう。でも、**若い頃にお金がないときをどう過ごしたか思い出してみる**と、いろいろな工夫をしていましたよね。「今月は食費もギリギリの状態で、映画を観にいくことも飲みにいくこともできそうにない」そんなときでも何か楽しみを見出して充実感や満足感を得ていたのではないでしょうか。「明日の日曜はどこかへ出かけるお金もないので、隣町の公園まで歩いてみよう」なんて思いつくところから工夫が始まります。

近所を歩くというのは、お金をかけない楽しみの入口といってもいいですね。まず、どのコースで行くか。

「あそこの公園までは片道5キロの距離だからゆっくり歩いても3時間あれば帰ってくることができるけど、それじゃつまらない」「午前中に家を出て夕方に戻る予定だから、あそこのホームセンターに寄ってキャンプ用品を見てみよう。待てよ、帰りはコースを変えて少し遠回りにはなるけど、河原を歩いてみるか。なに、疲れたらバスに乗ってもいいんだから」なんて、楽しみ方を考えるわけです。

お昼の食事も楽しみたいけど、お店でランチを食べるお金は節約したい。「そうだ、おにぎりを作っていって公園で食べよう。そういえば冷蔵庫にサケの切り身と、実家から送ってくれた梅干があるじゃないか。卵もあるから卵焼きを作ろう」なんていう工夫をするところから、料理の楽しみが始まって調理が趣味になることもあるわけです。

みんな若い頃は、そんな楽しみ方もしていたのではないでしょうか。でも、収入が増えて生活も安定すると、お金をかけない工夫をしなくなる。だから、**お金に恵まれる生き方をしたかったら、お金がなかった若い頃や、子どもの頃の楽しみ方を思い出してみるのがいい**ですね。子どもは、なんということもない日々の中に楽しみを見出す達人だからです。

僕は今でも、なんということもない、気にとめなければ通り過ぎてしまうような日常の中に楽しみを見出すのが好きです。

例えば、ヒロカネプロダクションは交代でまかないの自炊をしていて、僕が近所のスーパーに買い出しに行くことが多いんです。最近は電動アシスト自転車で行くことが多くなりましたが、歩くこともあります。スーパーに着いてからは脳が覚醒したように、食材の工夫や計算が始まります。こういう楽しみは、お金に換算できません。その日の気分で行き帰りの道を変えてみるだけでも、小さな楽しみや感動と出会うことが多いものです。

33 節約をゲーム感覚で楽しむ秘訣

60歳を過ぎて人生後半になると生活をダウンサイズすることになりますから、節約はそこでも欠かせない要素です。ところが、なんでもかんでも我慢ばかりで節約をしようとすれば、生活がつまらないものになって味気ない毎日を送ることになります。それでは、幸せな生き方とはいえません。

節約も楽しみながらやれば、充実感や達成感が得られるものです。

以前、テレビでやっていた「1か月1万円生活」を観ながら、よく「俺だったらこうするな」なんて考えたものでした。自分がやったら、けっこうイイ線いくのではないかと思っていましたね。実際に若い頃には「1000円で3日間もたせるにはどうしたらいいか」なんていうことをよくやっていました。サラリーマン時代もそんなに苦しい生活ではありませんでしたが、やはり工夫しながら節約を楽しんでいました。

あるルールの中で節約を工夫すると、ゲーム感覚で楽しむことができます。ここで重要なのがルール設定で、実現不可能なものや簡単すぎるものでは楽しめません。人生における目標設定と同じで、**頑張ればやっと実現できるラインを設定する**のがいい。例えば、大根1本で何品の料理を作れるかなんていうゲームもやっていましたね。

大根は子どもの頃から好きな食材で、今もこのゲームはよくやります。皮で漬物を2種類作り、中身で煮物やおろしを作り、葉っぱも炒めてゴマと和えるなんて考えるわけで、葉っぱつきの大根を見ると今でも嬉しくなります。いつだったかスーパーへ買い物に行ったら、主婦の方が葉っぱをちぎって捨てているので、「すみません。それ僕がもらってもいいですか？」とゆずり受けたことがあります。その主婦は（この人貧しそうなおじさんだからあげよう）なんてちょっと優越感に浸ったような顔をして、「どうぞ」と言ってくれたので、「ありがとうございます」とお礼を言っていただき、僕は大根の葉っぱを、彼女は優越感を手に入れるというＷＩＮ・ＷＩＮの関係が成立したのです。

小学生の頃、父親に連れて行ってもらった川釣りで、釣ったハヤなんかをその場で天ぷらにして食べたのが僕の料理の原点です。父親が軍隊で使っていた飯盒を使い、肥後守《ひごのかみ》というナイフで腹を開けて川の水で洗い、天ぷらにして塩をふって食べるんです。

魚のさばき方を覚えて料理に目覚めた僕は、中学生になると自分の食事や弁当を作っていました。うちは呉服屋をやっていて母親が帰宅するのが夜の9時10時になるので、祖母が作った夕食を食べていたのですが、あまりやる気のない人でした。給食のない日に持っていく弁当も、前日の残りのキンピラだけが入っていたり、焼いたタラコが一個乗っているだけだったりする。それならこれは自分でやってみようという気になったわけです。

中学生になると小遣いをもらうようになり、それをやりくりして食材を買うようになってからは、もうゲーム感覚が始まっていました。本当はハムが欲しいのだけど高いので魚肉ソーセージを買ってきて炒めたり、卵焼きを作ったり、緑があったらキレイだろうと思って、ちょっと高いけどホウレンソウを買ってみたり。食品の買い物をするようになると物の値段もわかるようになってきて、いろいろな工夫とやりくりをするようになっていくのですが、これが面白かったんです。それが75歳になった今でも身についています。

節約をゲーム感覚で楽しむ秘訣は、節約することを優先するのではなくて、楽しむことを最優先することです。節約であっても楽しむことが大事なのです。

34

楽しさを優先すると、結果的に安上がりになることも

お金のことを意識せずに楽しむことを優先すると、結果として安上がりになるというケースがあります。その人にとっての価値が、値段と釣り合わない物事はよくありますよね。好きなことを続けてお金に恵まれる生き方をしたいのであれば、値段が高ければ「イイもの」という概念は捨てて、値札に騙されない目と感性を養うようにしたいものです。

僕はハワイに行ってもオーシャンビューの部屋は取らずに街側の部屋を取ります。オーシャンビューの部屋のほうが料金は高いから、部屋代を節約しているのかというと、そうではありません。街側の部屋のほうが面白いからなんです。

オーシャンビューの部屋は、最初に部屋に入ったときには海が広がっていて、ダイヤモンドヘッドなんかが見えたりもして「わあ、すごい景色!」なんて感動するのですが、それも10分くらいのもので、すぐに飽きてしまうんです。言ってみれば見えるものは海だけ

ですから、夜になったら真っ暗で何も面白くない。ところが、反対の街側は人が歩いていたり、クルマが走っていたり、もめ事が見えたりして面白いんです。**夜になっても街を見下ろすだけで退屈しないんですね。それが漫画のヒントになったりもします。**だから、わざわざ高い料金を払ってオーシャンビューの部屋を取ることはしません。

長年付き合っている出版社で、毎年年末に行く慰安旅行のようなものがあって、バブルの頃は一泊7万円もするような高級旅館へ行っていました。そこで宴会をやって翌日はゴルフをするんですけど、夕食は旅館の豪華な懐石料理で嬉しいのですが、山の中や高台に建っているので温泉街に繰り出すこともなく、いまひとつ楽しめなかった。そこで、高い宿じゃなくて街なかにある安い旅館にして、浮いたお金で町の寿司屋へ行って、それからスナックへ行って大騒ぎしたほうが楽しいんじゃないかとなったわけです。今は毎年そのスタイルで旅行をしています。**同じ予算でもやりくりをして、楽しさを優先**したわけです。

仕事で地方へ行くときも、豪華な部屋に宿泊したいと思いませんし、グリーン車も乗りたくないんです。これも節約したいという気持ちからではありません。外で食事をして居酒屋でワイワイやってヘロヘロになって部屋に帰ったらバタンと寝るのですから、豪華な部屋は必要ないんですね。ほとんど覚えていないんですから。グリーン車もシーンとしていて隣の人と会話ができないから楽しくないんです。

あるとき、出版社が日本海に面した町で、一泊何十万円もするスイートを取ってくれたことがあって、夜遅くに部屋へ戻ったら大きな座敷に布団がポツンと一枚敷いてあったんです。そんなところで寝ても落ち着かないから、3畳くらいの布団部屋のようなところで寝ようとしたらこれが落ち着く。同行者が弘兼さんの泊まっているすごい部屋を見てみたいと来てみたら、僕が布団部屋のようなところで寝ていて驚かれたことがありました。これは楽しさとは違って安らぎを求めた結果の話ですが、たかだか何時間か寝るだけなので無駄な贅沢はいらないし、落ち着く場所のほうがいい、というのが僕の考え方です。

高級料理店と同じように、高級旅館にはそこでしか体験できない世界があります。でも、もうそういう格式のようなものより、**もっと感覚的でシンプルなところにある楽しさや心地よさを大事にしたいというのが、今の僕の価値観のベース**です。それは年齢や置かれた環境などで変わるものですから、今の自分にとって何が価値を持つのかというのは常に意識していたほうがいいですね。

35 お互いに依存しない親子関係を作っておく

好きなことを続けてお金に恵まれる生き方を目指す人にとって、クリアな親子関係は重要事項です。親との関係、子どもとの関係には、お金が介在することが多いからです。

親との関係で50歳を過ぎてから増える問題は、やはり介護でしょう。団塊世代の僕が75歳になるのですから、今、親の介護という問題に直面し出しているのは、50歳前後の団塊ジュニアと呼ばれる世代も多いでしょう。この本の読者にも多いことと思います。

僕は、病院ではなく自宅で死にたいと思ってきたのですが、同じように在宅死や在宅介護を望む70代80代は増えています。在宅介護ということになると家族の協力がどうしても必要になってきますから、親と同居していなくても親の介護に関わることになる人が増えているということですね。

親の介護をすることになって、「介護をしなければいけない」と感じている人と「他人に任せず自分でやりたい」と思っている人では心構えが違いますから、ストレスの受け方が違うと思われるかもしれませんが、続けていけばどちらも大変なストレスになります。介護はプロでも苦労する仕事ですから、助言を受けながら続けるとしても専門家でなければできることに限界があります。だから、**「できる範囲で」という意識で、基本的にはプロの介護士に頼んで、家族は脇から協力するというスタンスがいい**ようです。

自分一人で介護を抱え込んでしまって**介護離職することだけは絶対に避けなければいけません。**収入が減ってしまうと共倒れになるケースが多いからです。行政の協力を仰いで自分を犠牲にしない最善の方法を探すべきです。

もうひとつやってはいけないのが、**老後資金や子どもの教育資金を介護につぎ込んでしまうこと。**親を大事にすることは悪いことではありませんが、自分や子どもの人生を犠牲にしてはいけません。そのためには、親が元気なうちから依存されない関係を作っておくことが重要です。親は親のお金でできる範囲の介護を受けてもらう、その中で協力できることはする、という関係が理想的でしょう。

子どもとの関係でも、どちらかが依存するような関係は、自分のためにも子どものためにもならない結果を招きます。

　息子夫婦が家を建てるというので、自分たち夫婦のために持っていた老後資金を頭金にしろと、全部渡してしまった知り合いがいました。頭金を出す代わりに、自分たち夫婦が住む部屋を作るという交換条件で、老後はそこでのんびり暮らそうと考えていたわけです。ところが、いざ生活を始めたら息子の奥さんとうまくいかなくなって、結局その家を出る羽目になったというのです。老後の資金は全部渡してしまってもうありませんから、この先、節約しながらどうやって暮らしていこうかと途方にくれていました。

　こういったケースがよくあるので、子どもをあてにするのではなく、自分が最後まで暮らす資金は自分で確保しておきたいもの。逆に、子どもに財産を残してもろくなことはありません。財産をあてにして自立できなくなっているケースも多い。孫の誕生日にいくらか渡してあげるのはいいでしょうけど、**自分で稼いだお金は自分で使い切るべき**です。

「俺たち夫婦は自分たちで暮らすから介護が必要になっても面倒は一切見なくていい。その代わり、お前たちも自分で生きていきなさい」。そういう、**お互いに依存せず、自立できている関係**を作っておきたいですね。

36 老後資金の問題は、こう考えるとラクになる

老後資金2000万円問題というのがありました。定年退職してから死ぬまでに夫婦でいくらあれば安心かということなんですが、あれほどいい加減な数字はありません。人によって生活の在り方が違うのですから、どれくらい必要かなんていうことは決められないし、実情に生活を合わせるほうが現実的です。

今の時代、悠々自適な老後生活などということはまずないのですから、**お金が足りなかったら働けばいい。その上で、その収入に合わせて生活を縮小すればいい**のです。

60代以降の生き方を考えるときに、生活のレベルを下げたくないと思う人もいるでしょう。

現実と照らし合わせてそれで生きていけるのだったら問題ないですよね。でも収入が減ることを前提に、夫婦2人でこれから20年30年と生きることを考えると、病気もあるだろ

うし、介護も必要になるかもしれない、貯金を足しても足りるとは言い切れないというような場合には、生活を縮小しなければいけませんよね。

人生は景気のいいときもあれば厳しいときもあるわけです。いつまでも羽振りがいいままでいられるとは考えないほうが現実的です。

でも、この生活のダウンサイジングは、それほど大変な絞り込みではありません。60代になって定年退職を機に生活を縮小するのは、例えば30代のときに子どもができたばかりで会社が倒産したというような厳しさはないと思います。

まず、食べる量が減りますから食費が縮小できます。毎晩のように飲み歩いていたという人でも、なかなか同じペースでは飲むことができなくなりますから、酒代も縮小するでしょう。

お中元やお歳暮も本当に気持ちを伝えたい相手だけに絞り込んでラクになるチャンスです。冠婚葬祭は増えるでしょうが、そのときの健康状況や家計に合わせて出席するものを選べばいい。

毎年2回は旅行をしていたのだったら、歩き回るのもなかなか疲れることだし1回にすればいいでしょう。そう考えると、高齢になってやる生活の絞り込みは自然にできることが多いのです。

住む場所だってそうです。子どもたちが独立して家を出て行き、夫婦2人に戻ったらもう広い家は必要ありませんよね。持ち家に住んでいた人だったら処分して夫婦がそれぞれ部屋を持てる程度のマンションに引っ越せば、高い維持費もかからなくなりますし、日々の掃除もラクです。

実際にそういう人が増えています。70代になってくると階段の上り下りも大変になってきますので、広い家で生活するほうが不便になってくるからです。

しかし、生活の縮小をしてある程度の展望を持ったとしても、難病を患って莫大な医療費がかかるなんていうことがないとはいえないわけです。何歳まで生きるかということはわからないし、この先どんな出費があるのかもわからない。そんなことを言うと、話は最初に戻って不安になるじゃないかと言われるかもしれません。

でも、どんなにお金に恵まれる生き方をしようが、いくらお金を持っていようが、死ぬときは死ぬんです。だから、**お金についてある程度の展望を持てたら、その状況に応じて**

好きなことを続けて毎日を楽しんで生きる。それで命が尽きるときが来たら笑って「ああ、楽しい人生だったなあ」と思えたら幸せな生き方なのではないでしょうか。

僕は延命をするつもりはないですから、家族には延命治療はしないでくれと言ってありますし、余命宣告があったら「お迎えが来るのだな」と受け入れます。それで好きな漫画を描いて毎日を楽しみます。

人間には生きる権利として「生存権」があるのですから、死ぬ権利もあったほうがいいと思っています。安楽死制度を実行するには、併行して保険金犯罪や人口減少などの問題を解消しなければいけませんが、いずれ日本でも認められるでしょう。そうすると老後資金の考え方も変わってくるかもしれません。

37 人生の後半で手放したい2つのもの

人生前半でお金に恵まれた生き方ができたのに、後半の人生で失敗してしまう人は、見栄やプライドが邪魔をしているケースがとても多いですね。とくに男は本能的に自分を大きく見せようとするところがあるんです。生涯現役を目指す人間にとって、**過去の肩書と見栄を張るだけのプライドは必要のないものですから、全部捨ててしまいましょう。**

住人が交代でやるマンションの管理組合なんかでは、仕事をリタイアしたジジイ同士がプライドのぶつけ合いをするシーンがよくあります。けっこう大きな会社の元重役ぐらいがやるケースが多くて、意見が合わなくなると「君、そんなやり方でうまくいくわけないだろう」「君という言い方はないだろう」なんてバチバチの言い合いになるわけです。自分のキャリアにすがって生きていく男は多いのですが、なんの価値もないんですよね。

生きる舞台が変わったわけですから、もはやどうでもいいプライドなのです。周囲の人間は、「大会社の役員？　それがどうしたの」なんて思っているのですが、本人はその状況をまったくわかっていない。東大卒だろうが大会社の取締役だろうが、もう組織の人間ではないのですからなんの意味も持たないのに、本人は気づいていないのですから嫌われてしまうわけです。

人生後半の仕事で起業をしたり、お店を持ったりしたら、前半の仕事でどんな組織にいてどんな偉いポジションにいても関係ありません。**一般社会という平場《ひらば》に下りたら、そこでは過去の社会的地位も肩書も邪魔をするだけで、それをかざしたところでなんの役にも立たない**のです。

定年退職をしてからも再雇用で組織に残って仕事を続ける場合には、それまで部下だった人間が上司になるケースもあります。これは再雇用を望む時点で受け入れなければいけない現実ですから、いくら元部下であっても敬語を使う必要も出てきます。気持ちの問題ではなくて人間社会で必要なことなのですから、プライドが邪魔をするような人は組織を出るしかなくなります。

いかにプライドが幸福を遠ざけてしまうかという話では、ゴルフがわかりやすい例です。

ゴルフでもプライドが邪魔をしてやめてしまう人がいます。40歳くらいから会社の部長クラスが始めると続かないケースが多い。誰でも最初は下手なので、みんなからちょっと馬鹿にされながらやる時期があって、それを乗り越えないとうまくならないんです。しかし、プライドが高いと、馬鹿にされるのが耐えられなくてやめてしまう人や、教えられるのが嫌でやめてしまう人が多いんです。

知り合いの作家にも、高いプライドが裏目に出て、1回だけ一緒にゴルフをやって、それ以来、やめてしまった人がいました。彼は同い歳なんですが、腕っ節に自信があるのか、とにかく力まかせにスイングする。だから、ちゃんと当たらず、ボールがまともに飛ばない。さらにプライドが高いから、謙虚になって一から学ぼうということができない。初めてやることなのに、人に教わりたくない、下手なところを見られたくないというのでは、上達できるはずはありません。

人生後半に何か新しいことを始めたり、好きなことを続けたりするときに大事なのは、**「今までどんなことをしてきたか」ではなくて、「今、何ができるのか」**です。それを謙虚に見つめられれば、人にも仕事にも恵まれ、あとからお金もついてくるはずです。

5章

好きなことをして「心・頭・体」の健康に恵まれる生き方

38 健康に恵まれる人がゆるく考えていること

70歳を過ぎても好きなことを続けていく上で、何より欠かせないのが健康です。

僕は75歳になる今まで大病を患ったことがありませんから、健康に恵まれる生き方ができてきたといっていいでしょう。2019年の統計では、日本人男性の東京都における健康寿命は72・94歳で、僕は今も仕事やゴルフを続けていられるのですから、平均的な人よりも健康に恵まれているということだと思います。ここから先は、あとどれだけ健康寿命を延ばせるかということになるのですが、逆算でゴルフ100回という目標を立てた80歳というラインを自分の中で設定しています。

この章の最初は、80歳まで「心」と「頭」と「体」の健康を維持するために、「やったほうがいい」と僕が考えていることを紹介します。

大事なポイントが2つあります。

ひとつは、**「心」「頭」「体」の3要素すべてによいと感じられることをすること**。「頭」とは脳機能を意味し、メンタルと体と、それを介在する脳機能は切り離して考えられないものです。体によいことでも、ストレスを感じて心に大きな負担を残すのでは、健康寿命を延ばすことはできません。逆に、楽しそうに思えることでも、体のどこかに無理が生じるようなことは、やはり健康寿命を延ばす結果には結びつかないですよね。

そう考えると、心によいこと、具体的にいうと「心地よいこと」「楽しいこと」「嬉しいこと」で、体にもよい刺激になるもの、つまり**「体を適度に動かして気持ちいいこと」というのは間違いなく脳機能にもよい**はずです。そうなれば3つの要素すべてに好影響を与えますよね。こういう考え方で「心」「頭」「体」のバランスを意識して、適度な刺激や運動を自分に課すといいでしょう。

2つ目のポイントは、**義務化せずにゆるく考えること**です。

「やらなければいけないこと」ではなくて「やったほうがいいこと」なんですね。「やらなければいけない」と義務にしてしまうと、ストレスを抱えることになります。「体」にはいいことでも「毎日必ずやらなければいけない」というような義務にしてしまうと、「心」

の負担がだんだん大きくなって、続かなくなってしまいます。だから、「やったほうがいいこと」「できたらいいこと」くらいに考えたほうがいい。僕のゴルフの目標にしても、「あと100回やりたい」「あと100回できたらいいな」という意識だからいいわけで、「あと100回やらなければいけない」なんて考えたら、もうそれだけで楽しくなくなりますね。

60歳を過ぎてから健康のためにウォーキングを始める人が多いのは、歩くという運動が糖尿病や高血圧といった高齢者に増える病気に対して予防効果があるとわかっているからです。僕は毎日何キロなどと決めて歩いているわけではありませんから、ウォーキングとはいえないでしょうが、歩くのは気持ちいいから好きです。ゴルフが楽しい要素には、気持ちのいい場所を歩くということもあります。

ウォーキングも健康寿命を延ばすために続けようと思うのだったら、「毎日必ず5キロ」などと義務化せずに、「毎日できたらいいな」「5キロ歩きたいな」くらいにゆるく考えたほうがいいでしょう。体に負担が大きそうな日は、「今日は3キロしか歩いていないけど、まあ、いいか」というようにして3要素のバランスをとればいいのです。

39 プラス思考はテクニックで身につく

僕は本書でも随所で「プラス思考」とか「プラスエネルギー」という言葉を使っています。それは、好きなことを続けて恵まれる生き方をするための必須条件のようなものであり、自身を健康に保つ秘訣でもあるからです。先に紹介した4人の経営者は、みなプラス思考をする人たちで、会うとプラスエネルギーに満ちていることを感じます。

ここでは、プラス思考とプラスエネルギーを掘り下げてみましょう。

プラス思考をひと言で言い表すと、**「なんでも自分に都合よく考えること」**です。世の中のためであるとか、社会のためであるとか、誰かのためということはまったく関係なくて、自分の中だけで自分にとってプラスに解釈することです。正義も悪も、正解も不正解もありません。他人に言わなくてもいいことですから、非現実的であろうが空想であろうが構わないのです。目的は、自分の中でマイナスのエネルギーをプラスのエネルギーへと転換することにあります。

何かで失敗したときや自分にとって不利な状況になったときは、「自分を高めるチャンス」と前向きにとらえればいいとはわかっていても、落ち込んだり、誰かを恨んだりしてしまうものですよね。そうすると心の中でマイナスのエネルギーが発生してストレスを抱えることになります。さらにエネルギーは伝播するので周囲にマイナスのエネルギーを振りまくことにもなります。人は離れていくし、健康には悪いし、ろくなことはありません。

そういうときに、**目の前の現実を自分に都合よくこじつけるテクニック**、例えば、「老化」を「成長」と呼んでイメージを変えたり、「これは前向きな撤退だ」などと屁理屈を駆使してみるなど、気持ちがラクになればなんでもいいわけです。

わりと誰にでも有効なプラス思考のテクニックは、**「不思議な力」のせいにしてしまう**やり方です。どんな障害があっても、「これは神様が与えた試練だ」「俺は天に試されているのだ。これはチャンスを与えられているのだ」とプラスに解釈してしまう常に前向きの人っていますよね。「神」という存在を宗教的な解釈でとらえる人は多いでしょうが、日本人は宗教的なことを意識せずに「神様」という言葉を使いますよね。冒涜《ぼうとく》を恐れずに言えば、都合が悪いことは神様のせいにしてしまって、マイナスのエネルギーを引き受けてもらえばラクになります。「神」という言葉を使うことに抵抗があったら「天」でもいいわけです。

序章で取り上げた「他力を受け入れる」ということもプラス思考のひとつといえます。人間にはどうすることもできない「運」や「運命」というものは、島耕作のように「俺は運が良かった」と物事を自分にとってプラスにとらえる理由にもなれば、「運が悪かっただけだ」とマイナスをパッと切り捨てる理由にも使えます。

プラス思考を身につけると、普通だったらマイナスエネルギーに苛まれてしまうようなときでも、早く立ち上がって前を向いて進めるようになります。苦境から一歩でも前進を始めることができると、霧が晴れるようにストレスは薄くなっていくものです。だから**プラス思考の人は健康に恵まれる**のです。苦境から立ち上がるときに湧き出すプラスのエネルギーも伝播しますから、**周囲には人が集まり、仕事にも恵まれる**ということですね。大ピンチをチャンスに転換してビジネスを成功させているリーダーたちがボトム（底）から立ち上がるパワーは、プラス思考から生まれているのです。

40 僕のささやかな3つの健康法

近頃、自分の健康を意識した出来事が2つありました。大病をしたことがないから、入院したことも救急車に乗ったこともなかったのですが、この2年で2つも経験したのです。

救急車に乗ったのは、2年ほど前に尿管結石になったときでした。仕事場で、経験したことがない激痛が走って、アシスタントが救急車を呼んでくれたのです。そのときは、しゃべることもできない痛さが2～3時間も続きました。尿管結石はお産に匹敵する痛みだと聞いて、自分にはお産は無理だと思いましたね（笑）。

病院に着いて座薬を入れて1時間くらいで痛みは治まり、毎日水を2リットルも飲めば治ると言われて帰ってきました。よく石が出るときは便器でカチンと音がするという話を聞くので、出たら拾ってやろうとトイレに割り箸を用意しておいたものの、結局わからないうちになくなっていました。銀座でガンガン飲んだ日に何度もトイレに行ったので、そこで出たような気がするのですが、便器の中に氷がたくさん敷いてあったのでわからなかったのかもしれません。

入院は、2021年、新型コロナに感染して8日間の病院療養をしました。そのときはアシスタントも結局、全員感染して全員が入院したのですが、病院食がうまくないということと、ここは娑婆《しゃば》とは違うのだという不自由さを実感しました。

人間ドックくらいしか病院と縁のなかった僕が経験した激痛と入院は、健康に恵まれることのありがたさを再認識させてくれました。これまで健康法というものをあまり考えたことがなかったのですが、今回この本を執筆するにあたって編集者から「何か実践している健康法はありますか？」と質問を受けたので考えてみたら、ささやかなものを3つ思いついたので紹介しておきましょう。

まずは、やはり**ゴルフ**ですね。歩くスポーツですから心地よい疲れで、午前中に18ホール通しでラウンドすれば、帰ってきて午後に仕事をすることもできます。以前は月に平均2〜3回のペースで行っていたのが、今は月3〜4回くらいのペースになって、健康維持に役立っています。基本、乗用カートは使いません。歩いてラウンドします。

毎日のルーティンとなっているのは、**シャワールームでやるストレッチ**です。朝起きてシャワールームに15分くらいいるのですが、その間にゆるいスクワットを20～30回ほどと、下半身から上半身までのストレッチをシャワーを浴びながらやっています。膝が少し弱くなってきていることを感じるので、ゆるい筋トレとストレッチは続けようと思っています。今さら本格的な運動を始めても体を壊すだけですが、歩いたり自転車に乗ったりすることと、このシャワー体操がちょうどいい運動になっているように思います。

もうひとつは**食べ物のバランス**。これは、好きなことを続けていく上で欠かせません。僕はもともとなんでも食べるので、栄養のバランスはいい食生活をしてきたと思っています。最近の人間ドックでも、ちょっと中性脂肪が高いのと脂肪肝気味という結果が出るくらいで、大きな問題はありません。年齢的に、肉にしても魚貝にしてもお米にしても、1度に食べる量が減っていますから、それほど栄養に気を使っているわけではありませんが、細胞の元になる**たんぱく質を欠かさないこと**と、**食物繊維や緑黄色野菜などは意識して摂るよう**にしています。体の老化を進めてしまう最大の原因が活性酸素だということを知ってからは、**抗酸化食品を積極的に食べる**ようになりました。

41 「ガチユル」時間管理が心と体をラクにする

僕の時間管理は分単位のスケジュール設定をします。先にも述べたように、漫画原稿は、1ページごとに分単位で仕上げる時刻を決めてから描き始めています。

ただ、そういうガチガチな部分ばかりではありません。

余力を持たせることもまた重要ですから、作業に余裕を持たせた時間設定にして、居眠りをしても困らないクッション時間を作っておきます。**ゆるく実行できる時間管理**といえばいいでしょうか。

健康な生活には、自分の「心・頭・体」にマッチする1日のスケジューリングが欠かせません。

僕の場合はだいたい午前4時頃に寝て9時前後に起きるというのが、快調に暮らす睡眠時間帯です。

起きてからはシャワーを浴びてダラダラと過ごし、喫茶店で漫画のネーム（セリフ）を考えたり、軽いブランチを取りながら書きものをしたりして、13時か14時頃に仕事場へ入ります。

そこから12時間ほど仕事をして、午前2時くらいになると作業をやめ、歩いても帰ることができる近所の自宅に帰還。そこから1時間か2時間、ワインを飲みながら映画の好きなシーンを観て、そのまま布団になだれ込むというのが、通常日の過ごし方です。

12時間の仕事時間帯は、「今日は何ページ。ここまでやっておかないと後が大変だぞ」という逆算でラインを決めて、例えばその日のノルマが10ページであったら、原稿の内容を考えてその10ページの仕上げ時間を割り振ります。

12時間を逆算して割り振ることもあれば、夕刻の食事をはさんで、18時までの4時間と19時から2時までの7時間を前半後半に分けて、後半に30分間の休憩時間を設定することもあります。

それから原稿の作業内容を考えて、1ページ目は2時45分までに終わらせると決めたら、このページは3時45分まで、次のページを見るとこれは簡単にできそうだから4時15分まで、次のはバック（背景）の描写が必要だから6時まで、というように仕上げ時刻を決めて原稿の隅に書き込むのです。言ってみれば、一つひとつが小さい締め切りのようなものですね。

分単位で仕上げ時間を決めて、その通りに行けば問題ありませんし、早く終わったらそこで息抜きをするか、次の原稿に移って余力を稼いでもいい。

長年やっている仕事ですから自分の作業効率はわかっていますが、それでも居眠りをして時間がずれ込むことはよくあります。

ここが「ガチユル時間管理」の真骨頂で、分単位の設定をしておきながら、僕はけっこう居眠りするんですね。5分とか10分とか、ごく短時間の睡眠を小刻みに取っている感じです。

居眠りまで時間設定しておくことはできませんから、予定がずれることになります。けれども、**1日を通してノルマが終えられるように調整できる程度のゆとりは計算して、分刻みのスケジュールを設定**しているので、帳尻は合うんです。

居眠りの話のついでに、短い昼寝が健康維持にいいという話に触れておきましょう。

20分以内くらいの睡眠（仮眠）は、頭の活性化にとてもいい効果があるのです。レム睡眠と呼ばれる浅い眠りの状態では、体は眠っていても脳は起きていてリフレッシュしているといわれているんですね。

睡眠が20分を越えて脳も眠りに入るノンレム睡眠になってしまうと、すぐにスッキリ起きることはできなくなってしまうので短時間がいいわけです。

週単位でもガチユル時間管理をしていると、きっちり締め切りは守りながら、急なゴルフの誘いがあっても時間を割くことができます。

42

人間関係のストレスを引きずらないために

人生相談の内容で「人間関係」が1位2位に入ってくるということは、それだけストレスを抱えている人が多いということです。ストレスの原因になる人間関係をどう処理するかということは、「心・頭・体」の健康維持に大きく影響します。生涯現役を目指す人であれば、自分なりの対処法を持っていたいものです。

そうは言うものの、50歳から60歳にもなれば、それまでの社会生活の中で幾多の荒波を乗り越えてきているわけですから、様々な人間関係も経験しているはずです。感情のある生身の人間ですから誰だって好き嫌いがあり、嫌なヤツや馬が合わない相手であってもうまく接する術を心得ているという人が多いことでしょう。

ここで取り上げたいのは、生涯現役を目指す人の60代以降における人間関係です。仕事の内容や生活環境がそれまでとは変わることが多いのですから、人間関係のとらえ方も変えていかなければ、仕事や健康に恵まれた生き方はできないでしょう。

生活規模や支出と一緒に人間関係もダウンサイズする中で、大事に考えたほうがいいのは**「一歩引いた人間関係」**です。疲れない距離感を維持しながら良好な間柄でいられる人間関係といえばわかりやすいでしょうか。

人生後半の仕事を始めるときには、新たな人間関係を持つことになるわけですが、**濃い付き合いをする相手はできるだけ少なくしておいたほうがいい**と思います。濃い付き合いをする相手というのは、良好な関係でいるときは幸福感をもたらしてくれても、揉めたり険悪になったりしたときにはその反動が大きいので、ストレスも大きくなるものです。濃い間柄になるとどうしても相手に対する期待が大きくなってしまうので、それが裏切られたときは修正不可能な状態になってしまうこともあるわけです。

60代以降は、できるだけ身軽になってフットワークのよい状態を維持することが、仕事や人に恵まれる秘訣です。だから、人間関係も適度な距離感を意識して、「いい人だな」「関係を大事にしたい人だな」と間合いを詰めすぎないようにしたほうがいいと思います。

60代以降の人間関係で変化が起こるのは家庭内でも同じで、夫婦の関係も変わってくるでしょう。本書では、定年退職をしてから何もせず家にいて、「メシだ」「風呂だ」と横暴な態度で奥さんに嫌がられるような、昭和の典型的なダメおやじケースは考えません。しかし、仕事内容が変わって家で過ごす時間が多くなったり、場合によっては独立起業や出店で奥さんと過ごす時間が増えることも考えられます。

夫婦間でも、良好な関係を維持するために大事なのは距離感だと思います。夫婦の場合も、お互いの時間を尊重して適度な距離を維持したほうがいい。「あえて離れる」という方法もあります。今の言葉で言えば「卒婚」ですね。

これは僕も実践しているのですが、お互いに近場に住んでいて、たまに子どもも交えて食事をするような関係です。

僕の場合、普段連絡を取り合うのはＬＩＮＥが中心です。味気ない感じもしますが、電話のように寝ている相手を起こしたりしないので、かえって気軽にコミュニケーションが取れて重宝しています。

仕事の人間関係を絞り込んで身軽になり、家庭でも家族との関係を見直して自立した関係になれば、フットワークのよい現役生活を送ることができるようになりますよ。

43 悩んでも仕方のないことで悩まないコツ

僕は問題を引きずらない性格だから、だいたいの失敗は**「まあ、いいか」で水に流してしまう**ので心の負担を重くせずに済みます。人間ですから多少は引きずることがあっても、ストレスを溜めるようなことはありません。

あるとしたら、ゴルフで1メートル以内のパットを外したときくらいですね。過ぎたことを考えても仕方ないので、「まあ、いいか」と切り換えるのですが、すぐ後のティーショットでミスショットをして、「あれ、まだ引きずってたかな……」なんて思うときもあります。ただ、ストレスを抱えるような悩み方はしません。

本業の漫画で失敗をしたときは、さすがに気持ちがちょっと重くなります。印刷した後に、セリフでつじつまが合わないことを言っている箇所が見つかることがあるわけです。出来あがった雑誌を見て、「やっちまった」と重い気分になります。でも、もう刷っちゃって世に出てしまったものはどうしようもない、単行本にする際に修正するしかない、と割り切ります。いくら悩んでも、終わったことはどうすることもできないのですから。

人間だから失敗は誰にでもあるもので、失敗の原因を把握して繰り返さないことが大事です。悩んだり落ち込んだりしているより、1秒でも早く冷静になってなぜ失敗したのか考えたほうがいいわけです。そうは言っても人間だから引きずってしまうこともあるという人には、**「まあ、いいか」と切り捨ててしまう勇気を持つ**ことをお勧めします。**続けて、「それがどうした」と開き直って前向きになるのが弘兼流**です。

失敗ではなくても、自分では変えられないことで悩んでしまうことがありますよね。例えば、不運なことに遭遇したケース。そんなときでも「運が悪かった」と開き直ってマイナスを切り捨てるのはよくても、「自分はなんて運の悪い人間だ」などと悩んでもモヤモヤが溜まるだけで、ひとつもいいことはないのですから。

そして究極が「死」ですね。死ぬことを恐れて悩んでも、人間はいつか間違いなく死ぬわけです。長寿の努力をするとしても、その時が来たら受け入れるしかない。悩むより残っている時間の楽しみ方を考えたほうがはるかに健康に恵まれた生き方でしょう。

44 他人と比べない人の発想法

「まあ、いいか」と切り捨てて「それがどうした」と開き直ったら、**「人それぞれ」と割り切るのも弘兼流**です。「人と比べない」ということは、幸福な人生を送るセオリーのようなもの。これが身についている人は他人に影響されない強さを持ちますから、無意味な争いや、しなくてもいい苦労を回避できて、余計なストレスを抱えないので、健康に恵まれた生き方ができるものです。

隣の芝生は青く見えると言いますが、人間は自分に近い存在と比べて、自分のポジションや優位性を知ろうとするものです。小学校の同級生が勉強でも運動でも、当時は自分のほうが上に思えていたのに、今は大きな会社の社長になって裕福な生活を送っていることを知り、自分が負けたように思える、なんてことがあるかもしれません。

心理学に「上方比較」と「下方比較」という考え方があって、上方比較とは自分よりも上に見える人を思い浮かべて憧れる状態を意味し、「下方比較」とは自分よりも下に見える人を思い浮かべて自尊心や自己肯定感を高めるという意味で使われます。

上方比較は憧れの存在を目標にして、自分のモチベーションを高めるような使い方をされるので、いい意味で使われることがある言葉です。しかし実際には、しなくてもいい上方比較をして不必要に落ち込んでしまい、自信を失ってしまうケースや、張り合おうとして無意味な闘争心を抱くケースが多いんですね。一方、下方比較で優越感を得ることは、自分の中だけでのプラス思考と考えれば悪くはありませんが、そんな優越感に浸っていても成長はありません。

人と比べてしまうのは、自分の置かれている位置を知りたいからです。人間が岩穴で生活をしていた原始時代には、例えば狩りで隣の男よりも走るのが速いとか、石を的に当てるのがうまいということが生命維持に直結しますから、人と比べて自分の力を知ることが重要だったわけです。でも**現代は、生き残るための術は狩りだけではなくて、いろいろな手段があるわけです。**たとえ走るのが遅くても、**何かひとつ自信が持てるものがあれば自分を活かすことができる**はずです。

そのために大事なのは、周囲の人間と自分を比較することではなくて、自分が自信を持てることをひとつでいいから見つけることです。自分のひとつの能力や状態が平均より上か下かなどということを考えてみても、意味がありません。日本人はとくに平均点以上であることに安心するようなところがありますから、「普通」や「人並み」ということを気にしますよね。何かひとつに突出するより、すべてにおいて落ちこぼれないことや人並み以下になることを心配するわけです。

しかし、健康に恵まれる生き方はすべての人が望むところであっても、その人生で何が幸せかということは人それぞれ違います。出身や生い立ち、経験したことなどすべてが同じ人間などいません。同じ国、同じ地域に生きていて、似ているように思えても一人ひとりみんな違う人間です。**人と比べることよりも自分の得意を磨くことのほうが、好きなことを続けていく上ではるかに大事**だと思うのです。

6章

好きなことをして「やりがい」に恵まれる生き方

45

「やりがい」に恵まれる人が受け入れていること

いくつになっても好きなことを続けて、やりがいを実感しながら生涯現役をまっとうできたら、幸せな人生だと思います。だからみんな、やりがいを求めて努力するわけですね。

やりがいは、ほかでは得ることができない充実感や達成感、満足感をもたらしてくれますから、幸福感に直結する感情です。

僕はこれまで、「努力しても夢は叶わない」ということを言ってきました。

自己啓発本などには、「努力すれば夢は必ず叶う」というような主旨のことを言っているものがありますが、あれは夢を叶えた人が語る結果論であって、いくら努力をしても実現できないことは山ほどあるのが現実です。

「やりがい」を求めるにしても、実現できない夢を描いていたのでは時間の無駄になってしまいます。20代30代の頃に描く夢に比べると、50代以降で描く夢は残された時間が短いのですから、なおさら実現できる可能性は低くなります。
未来に対して展望を持つ場合に、まず一番重要なことは現実を受け入れることです。自分の現状を明確に把握していなければ、スタート時点で立ち位置を間違えていることになってしまいますから、どんな計画を立てても実現するのは難しくなってきます。

現実を受け入れるという考え方は、自分の過去もすべて受け入れるということで、理不尽だと思うことや世の中の不条理も認めなければできません。50代にもなればそれまでの社会経験から、「人間は生まれながらにしてみな平等などということは、絵空事の理想にすぎない」ことはわかっているでしょう。

しかし、心のどこかに「自分は不遇だった」「恵まれていなかった」というようなマイナスの思いが重石《おもし》のように引っかかっている人は意外と多いものです。

ここで、**「現実を受け入れる」というプラス思考**をもう一度自分に叩き込んでおきましょう。

若者の間に「親ガチャ」なんていう言葉が流行って、日本を憂う向きもありましたが、僕はなかなか的を射た例えだと思いました。裕福な家庭に生まれる子もあれば、お金で苦労している家庭に生まれる子もあって、それは自分で選べるものでないという現実をあのガチャガチャに例えた人の感性は面白い。

その現実をわかりやすい例に置き換えて受け入れるのはいいけれど、それを人生を諦める理由にしてしまうのは残念です。まだまだ人生に希望を持っていい年齢なのに、冷めていて現実的すぎるために、未来に展望が持てない若者が多いのだと思いますね。

まずスタート地点において、生まれる家も親も選べないのですから、平等ではありませんよね。

小学校に通う年齢になると、得手不得手がはっきりしてきます。走るのは速いけど計算は苦手な子、歌を歌うのは下手だけど絵を描くのは得意な子、勉強の成績は悪いけど友達を作るのがうまい子、そういう幼少期の得手不得手というものは先天的なものや家庭環境が影響しますから、これも平等ではないですね。

でも、それが個性というもので、みんな違うからいろいろな分野で活躍できる人間になれるわけです。自分の才能に早く気づくことができたら得意な分野を伸ばすことができるのですが、これは「みんな違う個性がある」という現実を受け入れるところから始まります。

小学生が「総理大臣になって日本を繁栄させたい」という夢を語ったら、「大した志だ、頑張りなさい」と言われるでしょうが、政治家でもない50代のおやじが同じことを言ったら、冗談言ってる年齢じゃないでしょ、ということになります。

努力しても実現できない「夢」は捨てる。**努力したら実現できる可能性がある「夢」は、時間を区切って追いかけ、ダメだったらきっぱり諦める。努力すれば実現できる可能性が高いことは「夢」と呼ばずに「目標」という認識でリアリティを持つ。**

人生後半でやりたいと思うことは、この3段階に分けて考えるのが「やりがい」に近づくコツだと思います。

46 「生活のための仕事」から次のステップへ

人生後半の仕事における「収入」と「好きなこと」のバランスを考えるときに、人生前半の仕事のときよりも「好きなこと」を優先したいと思う人は多いでしょう。

前半の仕事は家族のために働くという意識が強かった人ほど、「生活のため」から「好きだからやる」へシフトしたいと思うのではないでしょうか。好きなことをして自分を活かすことができれば、「やりがい」も大きくなりますよね。

しかし、その人が置かれた経済状況によっては、好きではないけれど「自分にできること」をして働き続けなければいけないこともあります。

超高齢化が進む日本においてすでに悠々自適なんていうことは、ほんの一部の人間に限られたことになっているのですから、今後はさらに、そういう意識で人生後半の仕事を始める人が増えることが予想されます。現実を受け入れなければいけないとはわかってはいても、「好きじゃないけどやるしかない」と思いながら生きる毎日は、味気ないでしょうし、同じ時間を生きることを考えたらもったいないないですよね。

そこで、**「生活のため」から「好きだから」という意識のシフト**、いわゆる意識改革を勧めたいのです。

課長時代の島耕作のセリフに、**「いやな仕事でえらくなるより　好きな仕事で犬のように働きたいさ」**というフレーズがあります。

このセリフは一見、出世を優先して嫌な仕事をするのではなく、好きな仕事を選びたいというニュアンスに思えます。が、あのセリフに込めた僕の思いは、実は違います。島耕作は、自分に与えられた仕事をどんなことでも楽しんでしまう人間ですから、この仕事は嫌だからやらないということではなくて、どんな仕事でも好きになれば結果は後からついてくる、という意味を込めているのです。

好きだと思えないことを好きになれるのか、と感じる人は、「コップ半分の水」の話を思い出してください。

コップに半分ある水を見て、「もう半分しかない」と思う人と「まだ半分もある」と思う人がいるという話ですが、これは、考え方ひとつでもののとらえ方が変わるという教訓によく用いられるものです。同じ現象を見て、「もうこれしかないんだ」とプレッシャーを感じてマイナスエネルギーを溜めてしまうよりも、「まだこんなにあるんだ」というプラス面をとらえれば、プラスエネルギーが湧いて前向きに生きることができると解釈されることが多い例えですね。

この話をもう一歩突っ込んで考えてみると、「もうこれしかない」という状況が適度なストレスになって、そこから挽回することで充実感や達成感を得るケースもあれば、「まだこんなにある」という余裕が油断を生んで失敗するケースもあります。

だから、やりがいを目的とした意識改革で大事なことは、なんでも目の前のことをプラスにとらえるということではなくて、**結果が自分にとってプラスになるように考えること**です。

「生活のためにやるしかない」とストレスに感じていてもいいのです。そこでなんとかして「好きになろう」と無理をしてもストレスを増やすだけ。ここで少し謙虚になって、**「自分にできることがあるのは幸せなことだ」「働けるのは幸せなことだ」**と思えれば、同じストレスでも「よいストレス」に転換することができて、そこからプラスのエネルギーが生まれてきます。

僕は仕事でもなんでも楽しまなければ損だという考え方で生きてきましたから、どんなことにも楽しみを見つけることが喜びになっています。

そう都合よくは考えらえないよ、という人は、いきなり楽しさを無理に求めようとせずに、**自分に仕事をさせてくれる社会に対して、ちょっとだけ謙虚になってみる**と意識改革がすんなりできるかもしれません。

47

自分の天分はこうして知るといい

天分とは、天に与えられた性質や才能という意味で使われる言葉で、この本では「個性」も同じ意味で使っています。自分に与えられた天分を完全に活かし切ることが成功だ、と語ったのは松下幸之助さんです。自分の天分を活かし合って、一人ひとりが豊かな人生を送れれば社会も豊かになると説いたんですね。

自分を活かすためには、その天分を知ることが必須です。自分の特性や特徴をしっかり理解することによって、どうすれば活かせるかもわかってきます。好きなことを続ける人生後半の生き方を考えるにあたり、もう一度自分の天分というものを考え直してみると、そこには「やりがい」に恵まれるアイデアを見出すことが多いものです。

本書でも、「好きなこと」と「得意なこと」を何度となく取り上げています。それは「やりがい」の元となる天分を知るためでもあるのですが、「好きなこと」と「得意なこと」

は必ず一致するとは限りません。「好きこそものの上手なれ」ということわざの反対の意味で「下手の横好き」ということわざもありますよね。それぞれ、好きである事柄は楽しもうと工夫するから上達する、という意味と、下手なのに好きだから熱心に取り組むこと、という意味で使われます。

下手なこと、得意ではないことは天分ではないと思われがちなのですが、天分というものは個性ですから人間の数だけあると考えたらいいと思います。下手だけども、熱心に取り組めること、その姿勢そのものが天分かもしれません。

「好きこそものの上手なれ」に例えられる人よりも、「下手の横好き」と見られている人のほうが突出した個性を持っていることも多いものです。評価を受けなくても熱心に取り組む姿勢には、「人にどう思われようが好きなものは好き」という明確な意思があるから簡単にはゆるがない強さがあります。**「下手かもしれないけど、自分が楽しいからやってるんだ」**ということがあったら、それは大事にすべきことで、**そこから天分につながる才能が見出される**ことも少なくありません。

逆に、好きではなかったことでも、ある日、「これは自分に与えられた天分だ！」と思えることはよくある話です。『黄昏流星群』のネタ集めをしていたとき、会社をリストラされて自分にできる仕事がタクシーの運転手しか思い浮かばなかったので、あまり気が進まなかったのだけど好き嫌いを言っている場合ではないから始めてみたら、楽しくて今は天職だと思っている、という人の話を聞いたことがありました。「天職」には天に与えられた職業という意味以外に、**やってみたら充実感がある仕事だったというニュアンスもある**のです。

人生後半は、天職が見つかれば「やりがい」を感じられる理想的な生き方ができるということです。自分の天分をもう一度考え直してみると、生涯好きなことを続ける生き方にぐんと近付けるかもしれません。

48 誰かを喜ばせることから始めよう

自分の天分はわかっているつもりだけど、具体的に何をすれば「やりがい」につながるのかを模索しているという人に、ここで大きなヒントを示しましょう。

一人でもいいから、誰かを喜ばせることを考えてみてください。

自分の天分を活かして、誰かに喜んでもらえることはありませんか？

何かひとつでもそんなつながりが見つかって、収入面を考えても、贅沢はできないけど生きていけるというような見通しが立つなら、たとえほかに考えていることより収入が減っても、その道を選択することを勧めます。

相手に喜んでもらえるということは、一対一の人間関係においてもコミュニケーションの基本です。同じことを伝えるにしても「どういう言い方をすれば喜んでもらえるか」ということを考えられる人は、良好な人間関係を築くことができるからです。喜んでもらうためには、相手のことを知らなければいけませんから、情報を集めることになります。これは顧客や取引先を喜ばすという、仕事の基本でもあります。まず相手に喜んでもらうというのは、WIN・WINの関係作りの初手であるということは、仕事に恵まれる生き方のところでお話しした通りです。

この**「相手に喜んでもらう＝おもてなし」という気持ちが、仕事のやりがいにつながる**ことはとても多いんです。昭和を通して日本を代表するコメディアンであり俳優でもあった益《ます》田《だ》喜頓《きいとん》さんが、「エンタテイメントとはおもてなしの心」ということを言っていました。エンタテイメントといえば、芝居や映画などの娯楽を指すことが多いのですが、根底にあるのは人を喜ばせたいと願う気持ちだという意味です。

好きなことを続けていく幸せな人生後半の生き方を考えたときに、誰かに喜んでもらえるという要素は欠かせないものと言っていいと思います。**「誰かに喜んでもらう」ということは「誰かの役に立つ」ということ。それが「やりがい」につながる**のです。

49 「やりがい」のタネは身近なところにある

日々の暮らしの中で、仕事とは関係なくても**誰かしらの役に立てそうなことがあったら、やってみると発見があるものです。**

ちょっとした頼まれ事からボランティアまで、人の役に立つ機会は身近にいくつもあります。そんなところから自分の天分を理解したり、やりがいを感じて人生後半の充実感を得たりすることができるかもしれません。

もっとも身近なところでは、普段は奥さんがやっている家事を代わってみるのもいいと思います。奥さんのために役立つわけですからね。

奥さんの料理を手伝ったことから料理に目覚めて、店を持ったという洋食屋の店主がいました。でも、料理は共同作業になると、「あなた、邪魔だからやめて」ということも多いので、毎週土曜日の夕食は自分が作るというような取り決めをするのがいいでしょう。

休日に洗濯物を干すだけでも、いろいろと発見があるかもしれません。洗濯物をバランスよく干す方法なんていうのも、あれこれ試してみて気づくと楽しいものです。休日にちょこちょことそんな手伝いをしているうちに、自分に向いている家事がわかってくるんですね。

若い頃に一人暮らしをしていたからひと通りの家事は経験済みという人でも、50代以降になってからあらためてやってみると、道具や家電も進歩していて面白さがあるものです。

なかでも、ボランティアは、人の役に立つこと以外にも、外に出ていって今まで接点がなかった人たちとの交流を持てるところがいい。それなりに歩いたり、適度に体を使うものが多いですから、健康のためにもなります。

本格的な災害ボランティアや介護ボランティアは気軽にできるものではないでしょうから、好きなことや趣味・特技から考えればいいでしょう。

仕事でイベントに関わっていた人ならイベントのボランティアスタッフ、猫好きだったら地域の保護猫活動なんていうのは、お手軽な体験参加ができるボランティアだと思います。環境問題に興味があったら地域の美化運動、子ども好きだったら子ども食堂の手伝いなんていう体験もいいですね。

そういう体験参加をする中で、自分にとってサステナブル（持続可能）なボランティア活動が見えてきたら本格的に始めればいいのです。**ボランティア活動は、過度な負担にならないことが大事。**貯金を減らしながらやるのではサステナブルにはなりませんから、交通費程度の支給があるものを選択するのもひとつの基準です。

人の手伝いやボランティア活動の特徴は、人からダイレクトに感謝されるので、やりがいを実感しやすいという点にあります。接客の仕事をしていたらそういう経験はあるでしょうが、事務職や製造業などをやってきた人はなかなかお客さんと接する機会はなかったでしょうから、ダイレクトに人から「ありがとう」と感謝の言葉をかけてもらうと嬉しくなるものです。

天分とまでいわずとも、好きなことや趣味を活かして誰かの役に立つことも、「やりがい」として成立します。

知り合いに、若い頃は音楽業界で働いていて、ある有名ミュージシャンのギターケアをしていた編集者がいるのですが、彼は60歳を過ぎてから個人でギターのリサイクルを始めました。

弾かれなくなってホコリや汚れにまみれたギターを安く引き取って、クリーニングや修理をして、ピカピカの状態でまた安く売りに出すのです。もともとギターを修理する技術があって、好きなことですから作業の間は没頭します。しっかりと調整して相場よりも安く売るので、今まで売った数十本のギターは買った相手からすべて感謝されているといいます。

キレイな木を使って1本1本造られた楽器なのに、錆びた弦が張られたまま放置されたギターが可愛そうに思えて始めたけど、必要としている人の手に渡って感謝の言葉をもらうと、えも言われぬ「やりがい」を感じるようになって続けているといいます。

好きなことをして「やりがい」に恵まれる生き方というのは、案外身近にあるものなのです。

50 謙虚さと感謝の心が生み出す大きなパワー

年齢を重ねて社会的地位が高くなったときに、偉くなるほど謙虚になる人と、偉くなるほどぞんざいになる人がいますよね。当然ですが、謙虚になったほうが好かれますから、敵を作らない生き方ができます。

カリスマ性が前面に出るタイプは、成功しても敵を作りやすいもの。好きなことを続けて生涯現役を目指す人間にとって、敵を作らない、嫌われないということは大事なわけですから、やはり謙虚さを忘れずに生きたいものです。

謙虚な姿勢がもっとも表れるのは言葉づかいです。**年下の相手に対しても正しい敬語を使えるような知性は身につけておきたい**ですね。

敬語は丁寧すぎると冷たさやよそよそしさを相手に感じさせてしまうものですが、相手を立てながら友好的な空気を作る敬語が話せて、しかも聞き上手であったら間違いなく好かれます。

言語は時代に応じて少しずつ変わっていくもので、敬語もこの20年くらいで使い方がずいぶんと変わってきています。一度、自分の敬語を見直してみたらいいと思います。

敬語は、どのような生き方をしようと知っていて損はありません。お客さんや上司など立場が上の人や他人に対して相手を立てる「尊敬語」、自分の立場を低めて相手を立てる「謙譲語」、丁寧な言葉づかいで相手に敬意を表す「丁寧語」の3種類であったのが、今は謙譲語の一種として「丁重語」、丁寧語の一種として「美化語」というものもあります。

本書で紹介した経営者たちも、話してみると聞き上手で謙虚さを感じる人ばかりです。先に挙げたのは同年齢か年下の方ばかりですが、10歳も年上の著名な経営者から綺麗な敬語で話をされて感動したことがありました。

あるビジネス誌で、注目を集めているリーダーと対談する連載をしていたときのことです。そこでは先の新浪さんや桜井さん、柳井さんとも対談をさせていただいたのですが、ファンケルの創業者である池森賢二さんとも対談をさせていただいたことがありました。

5年前のことですから僕が70歳、池森さんは80歳のときで、10歳も年下の僕に対してとても丁寧な敬語で接してくださり、しかもよそよそしさはみじんもなく、初対面なのに気さくなお人柄がにじみ出るような対談だったのです。その日、僕はすっかり池森さんのファンになって帰宅したことを覚えています。

当時の池森さんはファンケルの代表取締役会長兼執行役員というお立場で、２０１９年に会長を退任され、翌年に名誉相談役に就任されました。現在は85歳で、まさに生涯現役を貫かれています。

その人の謙虚さが滲み出るのは敬語ばかりではありません。**感謝の言葉も大切な要素ですね。「ありがとう」という言葉が持つパワー**は、笑顔と同様、周囲にプラスのエネルギーを伝播させるのですが、自分の幸福感を高める効果もあり、さらには「心・頭・体」を健康に保つということが科学的にも証明されつつあります。

感謝の気持ちを持つと免疫力が高まるという研究結果もあるといわれているのですが、感謝することで自分の中に湧き起こるプラスのエネルギーがストレスを軽減するであろうことは容易に想像できますよね。ストレスがホルモンの分泌や血流に影響を与えるのですから、**感謝の気持ちを持つことは医学的にも心理学的にも認められた究極のプラス思考と**

いうことが言えそうです。

感謝の気持ちをもっともシンプルに表す日本語である「ありがとう」は、自分に与える影響がそれほど大きく、相手にプラスのエネルギーを伝えるパワーワードで、「○○さん、ありがとう」と感謝の対象を明確にすれば、相手が受け取るプラスエネルギーはさらに増幅されます。

相手を立てる謙虚さを忘れずに、笑顔で素直に「ありがとう」と言える人は、好かれる人間の代表といえるような存在ですね。

好きなことをやり続けて、自分をプラスに保つ努力をしながら、周囲の人にもプラスのエネルギーを与え、生涯現役を目指す。人にも、仕事にも、お金にも、健康にも、そして「やりがい」にも恵まれる幸せな人間像が見えてきませんか?

51 「好きなことだけやる人生」のために守り続けたいこと

最後は、いつまでも好きなことを続けて、生涯現役を貫くための「覚悟」と、「自立」の在り方について思うところを述べて締めたいと思います。

この現代に日本という国で生きていたら、そもそも、どんな仕事をしようが、どんな生き方をしようが、人に迷惑をかけることさえしなければほぼ自由なわけです。そういう広い選択肢を持つ中で、自分自身の経験や、交流のある経営者など様々な人たちから教わった、こうしたらいくつになっても好きなことを続けられて、恵まれる生き方ができると思うことを書き連ねてきたのが本書です。

序章に始まり、時間、人、仕事、お金、健康、やりがいと、それぞれの要素に恵まれた生き方をするためには、どういう選択をすべきかということを述べてきました。生きるということは、選択の連続だといえます。常に2択や3択、もっと幅広い要素からの絞り込みを繰り返しながら、私たちは毎日を生きています。

実際に絞り込み、選択をするのはあなた自身です。**自分で選んで自分で責任を取る。自分で選んだのだから、何があろうと誰のせいにもしない。その覚悟を継続することで、密度の濃い幸せが手に入る**のだと思います。そしてその覚悟は、自立にも必要なものです。

会社に依存する生き方は前半人生で区切りをつけ、家族にも依存しない、されない生き方ができれば身軽になります。そのフットワークのよさを活かして、ひたすら目の前の課題にコツコツと夢中で取り組みながら年齢を重ねていければ、充実した生涯になると、僕は思っています。

僕は、目の前の課題に取り組みながら最後まで行きたいのですが、死ぬときは誰もが一人です。人間は一人で生まれて一人で逝《い》くものです。一人になる覚悟もまた、自立には必要なもので、だから**一人でいることの楽しさを知っていたほうがいい**わけです。孤独を楽しめるようになると時間の意識が変わりますよ。

「孤独を楽しむ」をテーマにした本を書いたくらい、僕は孤独が好きです。無人島に一人で漂流しても食料や水さえ確保できたら生きていける気がします。でも、大勢の人の中であえて孤立することが好きなわけではありません。いくら一人の時間が好きだという人でも、社会で孤立してしまったら人に恵まれることはもちろん、幸せな人生を送ることは難しくなってしまいます。

好きなことを続ける幸せな生き方をするためには、**「孤立」はしてはいけないもの、「孤独」は選択して楽しむもの、「自立」はしなければいけないもの**、です。謙虚さと感謝の気持ちがあれば、社会で孤立することはありません。島耕作は、いつも人と運に感謝しながら出世していったのです。親にも子どもにも奥さんに対しても、**「ありがとう」という感謝の言葉を素直に伝えらえる関係**があれば、家庭で孤立することもないでしょう。

若い頃は、自分の稼ぎで食っていけるということが自立だと思っていました。親から独立することが自立した生き方だと思っている人も多いでしょう。

社会で自立するということは、そういうことではありません。**自分に対して責任を負うと同時に、社会に対しても責任を負うということ**です。社会の一員として何かをして社会の役に立つという責務をまっとうすることです。この世に生まれて生かしてもらって、好きなことをさせてもらい、幸せをもらった社会に感謝して、何かを返すのは責務だと思うのです。

社会ともＷＩＮ・ＷＩＮの関係を築く上で、まずは社会の利益を優先。たとえ最初はうまくいかないと感じても、そこで腐らずに社会の役に立つことを続けていければ、幸せは必ず後からついてくるはずです。

社会で自立して、謙虚さと感謝の気持ちを忘れずに、自分が心底好きなことをコツコツと続けていたら、いつの間にか幸せな人生を送れていた――そんな生き方を目指したいですね。

イラスト／弘兼憲史
編集協力／佐藤美昭
ＤＴＰ／センターメディア

青春新書
INTELLIGENCE

こころ涌き立つ「知」の冒険

いまを生きる

〝青春新書〟は昭和三一年に――若い日に常にあなたの心の友として、その糧となり実になる多様な知恵が、生きる指標として勇気と力になり、すぐに役立つ――をモットーに創刊された。

そして昭和三八年、新しい時代の気運の中で、新書〝プレイブックス〟にその役目のバトンを渡した。「人生を自由自在に活動《プレイ》する」のキャッチコピーのもと――すべてのうっ積を吹きとばし、自由闊達な活動力を培養し、勇気と自信を生み出す最も楽しいシリーズ――となった。

いまや、私たちはバブル経済崩壊後の混沌とした価値観のただ中にいる。その価値観は常に未曾有の変貌を見せ、社会は少子高齢化し、地球規模の環境問題等は解決の兆しを見せない。私たちはあらゆる不安と懐疑に対峙している。

本シリーズ〝青春新書インテリジェンス〟はまさに、この時代の欲求によってプレイブックスから分化・刊行された。それは即ち、「心の中に自らの青春の輝きを失わない旺盛な知力、活力への欲求」に他ならない。応えるべきキャッチコピーは「こころ涌き立つ〝知〟の冒険」である。

予測のつかない時代にあって、一人ひとりの足元を照らし出すシリーズでありたいと願う。青春出版社は本年創業五〇周年を迎えた。これはひとえに長年に亘る多くの読者の熱いご支持の賜物である。社員一同深く感謝し、より一層世の中に希望と勇気の明るい光を放つ書籍を出版すべく、鋭意志すものである。

平成一七年

刊行者　小澤源太郎

著者紹介

弘兼憲史〈ひろかね　けんし〉

1947年、山口県生まれ。早稲田大学法学部卒業。松下電器産業（現パナソニック）に勤務後、74年に漫画家デビュー。『島耕作』シリーズや『ハロー張りネズミ』『加治隆介の議』など数々の話題作を世に出す。『人間交差点』で小学館漫画賞（84年）、『課長 島耕作』で講談社漫画賞（91年）、講談社漫画賞特別賞（2019年）、『黄昏流星群』で文化庁メディア芸術祭マンガ部門優秀賞（00年）、日本漫画家協会賞大賞（03年）を受賞。07年には紫綬褒章を受章。シニアの生き方に関するエッセイも多く手がけ、『弘兼流 やめる！生き方』（小社刊）のほか、『増補版 弘兼流 60歳からの手ぶら人生』（中公新書ラクレ）、『一人暮らしパラダイス』（大和書房）などの著書がある。

弘兼流《ひろかねりゅう》 好《す》きなことだけやる人生《じんせい》。 青春新書 INTELLIGENCE

2023年３月15日　第１刷

著　者　弘《ひろ》 兼《かね》 憲《けん》 史《し》

発行者　小 澤 源 太 郎

責任編集　株式会社プライム涌光
電話　編集部　03(3203)2850

発行所　東京都新宿区若松町12番１号 〒162-0056　株式会社青春出版社
電話　営業部　03(3207)1916　振替番号　00190-7-98602

印刷・中央精版印刷　製本・ナショナル製本

ISBN978-4-413-04664-0

こころ涌き立つ「知」の冒険！

青春新書
INTELLIGENCE

真相解明「本能寺の変」	光秀は「そこに」いなかったという事実	菅野俊輔	PI·626
13歳からのキリスト教		佐藤　優	PI·627
がん検診の真実	知らないと怖い	中山富雄	PI·628
「給与明細」のカラクリ		梅田泰宏	PI·629
いい人間関係は「敬語のくずし方」で決まる		藤田尚弓	PI·630
常識として知っておきたい日本語ノート		齋藤　孝	PI·631
定年格差	70歳でも自分を活かせる人は何をやっているか	郡山史郎	PI·632
「ヨーロッパ王室」から見た世界史		内藤博文	PI·633
お酒の「困った」を解消する最強の飲み方		溝口　徹	PI·634
「食」の未来で何が起きているのか	フードテックのすごい世界	石川伸一［監修］	PI·635
その「うつ」っぽさ適応障害かもしれません		岩波　明	PI·636
脳の寿命を決めるグリア細胞	実は、思考・記憶・感情…を司る陰の立役者だった	岩立康男	PI·637
いま知らないと後悔する2024年の大学入試改革		石川一郎	PI·638
自己肯定感という呪縛	なぜ低いと不安になるのか	榎本博明	PI·639
孤独の飼い方	群れず、甘えず、私らしく生きる	下重暁子	PI·640
ユダヤ大富豪に伝わる最高の家庭教育		天堤太朗	PI·641
UCLAで学んだ「超高速」勉強法		児玉光雄	PI·642
クラシックの名曲	世界史で深まる	内藤博文	PI·643
一瞬で心が整う「色」の心理学	色の力で、仕事・人間関係・暮らしの質を上げる	南　涼子	PI·644
70代現役！「食べ方」に秘密あり		生島ヒロシ　石原結實	PI·645
「生前贈与」のやってはいけない	知らないと損する相続の新常識	税理士法人レガシィ　天野　隆　天野大輔	PI·646
「中学英語」を学び直すイラスト教科書		晴山陽一	PI·647
「文様《もんよう》」のしきたり	暮らしを彩る日本の伝統	藤依里子	PI·648
すごいタイトル㊙法則		川上徹也	PI·649